# 松陰の妹

新井恵美子

北辰堂出版

吉田松陰像。

楫取素彦

楫取美和子（杉文）

松陰と文の
ふるさと

# 長州 萩

数々の幕末ヒーローを生み出した町、萩。関ケ原の戦いで敗れ、防長二国に減封された毛利輝元が慶長九（一六〇四）年に萩城を築城し、長州藩の政庁が置かれた。

武家屋敷や維新の立役者などの旧宅生家、そして松下村塾などが現存し、東京からだと一泊二日位の予定でじっくり見学し、維新の志士たちに思いを馳せたい。

萩城（指月城）天守のあと。

松下村塾発祥の地である玉木文之進旧宅（左）とその碑（下）。

萩の藩校明倫館の観徳門。

幾多の俊才たちが学んだ松下村塾。

松下村塾の内部。

松陰の生家であり、杉家の家族が住んでいた松陰幽囚の旧宅。

玉木文之進旧宅近くの松陰と金子重之輔像。

密航するため松陰が滞在した静岡県下田のかくれ家あと。

萩から旅に出る人たちが必ず名残を惜しんだという「なみだ松」の碑。

松陰が入獄中に孟子などを講義した野山獄のあと地。

萩にある松陰の墓。

東京中央区の小伝馬町に建つ松陰終焉の地碑。

萩の松陰神社。

松陰門下生を祀る松門神社。

東京の松陰神社。

松陰神社にある「明治維新胎動之地」碑。筆は佐藤栄作。

松陰没後百五十年を記念して開館した松陰神社宝物殿「至誠館」。貴重な資料が展示されている。

高杉晋作生家。

吉田稔麿誕生地の碑。

木戸孝允生家。

久坂玄瑞誕生の地碑。

激戦のあった京都御所蛤御門。

久坂玄瑞が自刃した京都「鷹司邸跡」の碑。

萩にある吉田稔麿の墓。

久坂玄瑞の墓。

高杉晋作遺髪墓。

# 防府

防府大楽寺にある楫取夫妻の墓。

楫取邸のあと地。

大楽寺山門。

# 長府・下関

江戸時代は長府毛利氏の城下町として栄え、石垣や練塀の屋敷が連なる古江小路など、往時の名残りを残す長府。

奇兵隊を組織し、倒幕に尽力した高杉晋作ゆかりの古刹や明治の陸軍大将乃木希典を祀った神社など歴史ロマンあふれるスポットがたくさんある。

石垣がつづく古江小路。

長府の毛利邸。

日露戦争の英雄、乃木希典を祀る乃木神社(左)と神社内にある夫妻の像。

高杉晋作が挙兵した長府功山寺の仏殿（国宝）。

境内にある高杉晋作回天義挙の像。

下関にある高杉晋作の別宅「東行庵」。
高杉の菩提寺でもある。

敷地内にある高杉晋作像。

萩博物館、群馬県歴史資料館、山口県文書館、萩市観光協会、萩市、萩松陰神社、山口県観光連盟、松陰研究家などのホームページを参考とさせていただきました。厚く御礼申し上げます。

# 松陰の妹●目次

装丁　新田純

# 松陰の妹

# 長州松本村の畦

「寅兄《とらにい》ちゃま、寅兄ちゃま」と大きな声で言いながら、小さな文《ふみ》が駆けて来る。

細い畦《あぜ》道を転びそうになりながら、文は駆けて来る。寅次郎《とらじろう》は笑いながら、そんな文を見た。「そんなに走ったら転ぶよ」そう言って文を両手で抱き取った。

「ああ、寅兄ちゃま」うれしそうに文は寅次郎に抱きついた。見れば大人の草履を引っかけていて、それが半分脱げている。「危ないよ、文ちゃん」と寅次郎は文を掴まえて抱き上げた。文の柔らかな頬が寅次郎の気持ちをくすぐった。「妹とはこんなに可愛いものか」と寅次郎は不思議な気持ちになっていた。

妹、文は寅次郎が十四歳の時、生まれた。すでに寅次郎には三人の妹があった。千代《ちよ》、寿《ひさ》、艶《つや》の三人がいたが、艶は病弱で早世してしまった。その可哀想な妹、艶にも特別な感情は抱かなかった。それが今、文が可愛くてならない。

寅次郎の兄妹は野良で育てられた。寅次郎は文が赤ん坊の頃、畦道の窪みにむしろを敷いただけの上に寝かされ、ぴーぴー泣いているのを見ていた。この家の赤子は皆こうして育てられた。しかし、それは少しも悲惨でなく赤子の泣き声は鳥たちの歌と重なって心地よい音楽のように聞こえるのだった。「泣け、泣け、赤子は泣くもんだ。泣いて大きくなるのだ」父親もそう言っていた。のどかなものだ。

赤子も子どもたちもこうして一日中、野良で過ごした。食事も畦道に座って食べた。子どもたちの教育も野良で行われた。終日、家族が野良にいるという暮らし方は、近隣の農家と全く変わりがない。

何故、武士の身分でありながら寅次郎の家、杉家が松本村で農業をしているのかと言えば、それにはこんな事情があった。

それは寅次郎が生まれる十四年も前のことだ。萩城下で大火があったそうだ。寅次郎の家も丸焼けになってしまう。家財も家屋も失ってしまい、その日から家族は路頭に迷った。この時、父親の杉百合之助は一家の当主として、家族の生計を立てるために百姓になる決意をする。実に潔い決断だった。武士の身分を捨てて、農民になって生き抜こうとしたのだ。杉百合之助は二十六石の下級武士なが

萩

現在の山口県北部の城下町。江戸末、藩庁が山口に移るまで、長州藩の本拠地として栄えた。一方が日本海に面し、三方が山に囲まれている。町の中心部は日本有数のデルタ地帯に位置し、幕末維新の名所旧蹟が数多い。

ら誇りを持った人物であった。

藩主に許可を願い出るとすぐに許された。武士の身分を温存したまま、一家は松本村に移り住んで、その日から野良に出た。一家は、住む家からみつけなければならない。寅次郎が生まれる頃は、古い崩れそうな百姓家に住んでいた。それは家とは言えないほど粗末な小屋だった。

寅次郎の母、お滝はこの家の一番貧乏な時に嫁いで来た。お滝は萩城下からこの松本村のあばら屋に百合之助の妻になるため、やって来た。娘時代は家老の家で行儀見習いに上がっていたお滝にとって、松本村の杉家はあまりにも悲惨だった。しかし、お滝は少しも絶望してはいない。「学問好きの家に行きたい」というのがお滝の嫁入りのたった一つの希望だった。この時代は女性の地位が低く、嫁ぎ先についての望みなど言えるものではなかった。遠慮がちにお滝はその希望を家族に伝えた。

「それなら、良い家があるよ」ということで杉家が勧められた。お滝の実家村田家は杉家より格下であったため、藩士児玉太兵衛の養女という形を取って輿入れをした。夫の百合之助は二十七歳、妻お滝は二十四歳の若さだった。

格上の学問好きの家というので、お滝は気の張る思いで来たのだが、この家の

長州藩
藩祖毛利元就の時代、幾多の戦を勝ち抜き、ほぼ中国全土を掌中に収めた。その後関ヶ原合戦で藩主輝元は西軍の総大将を務めたため、敗戦後、家康により長門、周防二カ国（現在の山口県）に減封された。倒幕はその頃から300年におよぶ藩の宿願であったが、1868（明治元）年、ついに薩摩藩とともに達成。藩士の多くは明治維新の功臣となった。藩庁は萩。のち幕命により山口に。

あまりの貧しさに声も出なかった。しかし生来、お滝は明るい性格だったのでこの家はお滝が来てから、どんな時も沈み込むという事がなくなった。自分が望んだとおり、この家は学問の匂いが満ちていて、お滝を満足させてくれていた。

それにしても、ひどい住まいである。崩れそうな狭い小屋に舅、寝ついている姑、夫の兄弟たち、そこに生まれて来る次々の子どもたち。お滝が座れる場所などない。まして子どもたちは学問をするのも田圃の畦道だったし、幼い子どもたちも畦に寝かされて大きくなった。

貧しかったのは住まいだけではない。着るものも食べるものも不足がちだった。元々武士でありながら、萩城下を捨てて農村に移り住んだのは農作物を作って生活のたしにしようと考えたからなのだ。もしこの家に学問というものがなかったら近隣の百姓家と何ら変わらないのだった。

杉の家に来て以来、お滝の苦労は絶えなかった。しかし、百合之助との相性は悪くなかった。夫婦仲がよかったのだろう。お滝は毎年のように子を生んだ。嫁いですぐに長男、民治が出来、この子が三歳になった年、次男、寅次郎を生んだ。続けて三人の女の子、最後に文が出来、その下にもう一人男子を得る。会わせて七人の子持ちになった。

それでなくてもきちきちの暮らしだったのだから、お滝の苦労は並たいていのものではなかった筈だ。しかし、お滝は持って生まれた明るさで貧乏を乗り切った。お滝も百合之助も子どもたちを遊ばせてはおかなかった。この家では歩けるようになったら、立派な働き手だった。朝は朝星、夜は夜星と一日中一家で働いて、やっと食べて行くという暮らしだった。

一家の朝は早い。暗いうちに起き出して父は山に向かう。馬の餌にする秣《まぐさ》を刈るためである。「寅、行くぞ」兄の民治に起こされる。やっと五歳の寅次郎は眠くてならない。目をこすりながら、八歳の兄の後に従う。二人は松明《たいまつ》を持たされて、父の先を歩く。父は秣を狩りながら歩いて行く。その手元を照らすのが二人の子どもの役目だった。寅次郎はまだ目がさめていない。それでも五歳の寅次郎はふらふらしながら松明を持つ手を高く上げた。

「ぼやぼやしてると火傷《やけど》するぞ」二歳上の兄の民治が偉そうに言った。その民治だって眠くて仕方がないのだ。父は黙々と草を刈る。暗闇の中に父の草狩りの音だけが響いている。寅次郎はそんな音さえ夢の中のことのように聞いていぃる。

「終わったぞお。帰るぞお」父の声に寅次郎たちは飛び上がる。周囲はもう明るくなって来ている。三人は松明を消して山を下る。父は山のような秣を背負っている。寅次郎たちの背にも小さな背負い駕籠がくくりつけられていて、秣が駕籠から溢れている。

父は歩きながら諳んじている『論語』や算術の九九を声に出して言う。少年たちはそれをなぞる。父の授業は少しも系統立たず、めちゃくちゃなやり方だったから少年たちは年中戸惑うのだった。しかし柔らかな頭は全てを受け止め、自分のものにしてしまうのだった。それが父のやり方であった。

「続きは畦道で教える」父は秣を集めて馬小屋に運んだ。やっと一家の朝食である。その準備の手伝いををするのが二歳の妹、千代だった。やっと歩けるようになったばかりの千代が茶碗を並べたり、箸を置いたりしている。一年も経つと千代はご飯炊きまで出来るようになる。母が仕込んだのだ。

この家の子どもに対する教育は徹底していた。働くこと、学ぶことを同じ重さで叩き込まれた。「生きるとはそう言うことなのだ」と父は子らに教え込もうとした。その厳しさに不平や不満を抱く者は一人もいない。百姓の暮らしは家族の労働力を吸い取って、やっと成り立つのだった。それを子どもたちは肌で知らされるのだった。

寅次郎もその事を幼い時に身を以て教えられた。学問は机に向かわなくても出

論語
孔子とその高弟の言行を、死後、弟子たちが記録した書物。日本でもさかんに読まれ、特に江戸時代の学問は「論語」から始まった。

来るのだと寅次郎は知らされた。しかも働くこともいやではなかった。体を動かすことは少しも苦にならない。その上、物心ついた時から寅次郎はこの家族が好きだった。

おまけにそんな大変な暮らしの中で子供たちを浮き浮きさせることがあった。それが母の打つ太鼓だ。空樽と棒切れでお滝は見事にリズムを奏でた。それは聞いているだけで心の晴れる楽しいものだった。

父は読書が好きだったし、武士としての誇りを保つためにも本は読み続けなくてはならない。農作業をしながら男の子に「四書五経」を教えるのは自身の復習にも役だった。

父は自分の持っている教養の限りを子どもたちに教えた。体は野良で働きながら、口と頭で子らに伝えた。固い餌を母鳥が噛んで口伝えに与えるように、難しい理論も父という体を通過して寅次郎たちに与えられた。子らはそれを畦道にいて教えられた。机もない。黒板もない。父は優秀な教師だったから、なまじっかの寺子屋の教師よりはるかに良質な授業が受けられた。ありきたりの読み書きそろばんと言った教養は幼時の頃、とっくに済んでいたのだ。

この一家に学問をするという習慣がなければ近隣の百姓家と少しも変わらな

四書五経
儒教の中で特に重要とされる四書と五経の総称。四書は「論語」「大学」「中庸」「孟子」、五経は「易経」「書経」「詩経」「礼記」「春秋」をいう。中国国内だけでなく、日本や韓国でも広く講義され、とくに封建社会の中で広まりを見せた。

い。武士である誇りは内面を磨くところにあった。畦道で大声で漢文を唱える少年たちの様子は目立っていた。

朝五時から始まったこの家の労働は夕食が済んでもまだ終わらない。子供たちは母の沸かした風呂に入って寝てしまう。お滝はどんなに生活に困っても、風呂を焚くことは欠かさなかった。薪《たきぎ》がなければ自分で山から調達して来て沸かしてしまう。「お風呂は良いよう。気の病いなんてふっとんじまうよ」とお滝は言い言いした。子供たちも風呂が大好きだった。

夕食が済んでも父にはまだやることがあった。米つきである。米をつきながら父は読書をした。その為にこの家の米つき台には本を置く装置があった。寅次郎は米をつきながらも読書する父を見ていた。父にとって家族を養うための野良仕事と同時に自分の教養もないがしろに出来ないのだ。寅次郎は自然に父を尊敬した。

そんな寅次郎の身に変化が生ずる。寅次郎は五歳の年、叔父、大助が継いでいた吉田家の仮養子となっていた。吉田家は山鹿流《やまがりゅう》兵学の師範の家柄で五十七石だった。吉田大助には子がなく、寅次郎が杉家の次男であったから将来の後継ぎにとこうした処置が取られたものだろう。思いがけなかったのはその翌年、養父、

山鹿流兵学

江戸前期の儒学者、軍学者の山鹿素行を祖とする兵学。素行は会津の浪人、山鹿貞以の子として生れる。江戸に出て、林羅山の門での朱子学をはじめ、様々な学問を学んだ。のち朱子学を批判したため、播磨赤穂藩お預けとなったが、そこで藩士の教育を行い、彼の教えが後の元禄の赤穂浪士たちのバックボーンになった。

大助が急逝してしまった事だ。寅次郎は六歳で吉田家の当主となる。

まだ兄と松明を持って山に行っている頃のことだ。寅次郎は当主は継いだが、山鹿流の師範の仕事は全く出来ず吉田の門人が代わってくれた。そのおかげで、寅次郎は実家の杉家で以前と変わらぬ暮らしをしていた。

そんな寅次郎にもう一人、師と呼ぶ人がいた。それが玉木文之進である。父、百合之助の一番下の弟に当たる。つまり叔父さんだ。この叔父さんは怒ると怖い。普段はおとなしくもの静かな先生だが、いったん、怒ると実に怖い。「泣く子も黙る」と噂される怖さだった。寅次郎にとっても玉木先生は怖い先生だった。

玉木先生は吉田大助が死去してその養子の寅次郎が幼少であった事から、藩は山鹿流兵学が絶えることを恐れ、玉木と吉田の高弟を寅次郎の後見役に任命した。それだけに玉木の寅次郎への教えは厳しかった。素手で殴られることなど当たり前、癇癪《かんしゃく》を起すと寅次郎が死んでしまうほど折檻《せっかん》された。怒られるのは仕方がないが、何故こんなに怒られるのか分からない。寅次郎は思い切って聞いて見た。

「何故、私はこんなに叱られるのでしょうか」

それは夏の日のことだった。汗だくになって暑い野良で授業を受けていた寅次郎の頬に蚊がとまって皮膚を刺した。あんまり痒かったので手を挙げて掻いてしまった。それが玉木先生の目に止まった。「それでも侍の子か」とこの時も気絶するほど殴られた。これなどは叔父の怒りは理解出来る。しかし意味も分からず折檻を受けることが多かった。玉木先生が寅次郎を嫌っていたかと言えばそうとは言えない。寅次郎が風邪を引いたりするとおろおろして心配した。どうやらこの先生は学問には優れていたが我が子がなかったせいか、子供というものが分かっていなかったのではないか。

　玉木がこれほど寅次郎に厳しくするのは、一日も早く一人前の軍学者に育て上げねばならないと言う使命感にとらわれていたからかも知れない。

　しかし玉木は物を教えることは好きだったのだろう。この松本村に独特な塾を作った。寅次郎が十三歳の時のことだ。「松下村塾」と命名される。この塾の特徴は身分に関係なく農民の子も武士の子も同等に扱った。ずっと後に寅次郎が松陰となった後、「松下村塾」はふたたび生まれ変わって活動を始めるのだが、まだ先のことだ。「泣く子も黙る」と言われた玉木先生の元で鬼の授業を受け続けるのだ。

　鬼の玉木先生が松下村塾を始める二年前のことだ。寅次郎の行く手に輝かしい光を投げかけるような出来事があった。十一歳の寅次郎が、藩主毛利敬親《もうりたかちか》の前で

毛利敬親（1819～1871）
長州藩 13 代藩主。幕末の混乱期にあって、有能な家臣を多く登用し、若い才能を育て上げ、窮乏していた長州藩を豊かにして雄藩に引き上げ、ついに明治維新を成し遂げる藩にまでした。何でも家臣の言う事をきいたので、あだ名は「そうせい侯」。

『武教全書』戦法篇の講義をして周囲を驚かすという快挙だった。寅次郎はすでに八歳の時、藩校明倫館《めいりんかん》で教授見習になっていた。玉木先生のスパルタ教育の賜物であったかも知れない。

まず藩主が「明倫館にまれに見る俊才がいる」という噂を聞いてお城に寅次郎を呼び出したのだ。それは天保十一年の夏の朝だった。いよいよお城に上がるという段になってろくな着物もない事に気付いた。あまりにも貧しかったから着るものにまで気はまわらない。

困っていると、母は子ども向けに仕立て直した袴を持ち出して来た。寅次郎はこの日、生まれて初めての袴を身につけてお城に上がった。粗末な袴であったに違いないが寅次郎は晴れがましい気分で登城した。

その日の寅次郎の講義はいたく藩主を感動させたそうだ。軍学者としての寅次郎は、山鹿素行の学説を目の前の藩主の身に置き換え話した。

「籠城の大将、御心定めの条」を語った。四方を敵に囲まれた時、殿様たるものどうすべきか。実に具体的な講義だった。

「もし動乱の世となり政治向きによろしくないことがあれば君臣の義を重んじ直諫《ちょっかん》すべきであります」

明倫館

長州藩の藩校。1718（享保3）年、6代藩主毛利吉元によって萩城内に創建。1849（嘉永2）年、毛利敬親の藩政改革に従い、萩城下江向へ移転。松陰など幾多の俊才を育てた。水戸の弘道館、鹿児島の造士館、会津の日新館とともに四大藩校のひとつとされる。

たとえそのために身を滅ぼすことになろうとも、私は言うべきことは申しますと寅次郎は付け加えた。これまで藩主に対してこれほどはっきりと意見の出来る者はなかった。

「儒者の講義は眠くなるが寅次郎の話は思わず膝を乗り出してしまった」と言って藩主は笑った。重ねて藩主は「師匠は誰か?」と尋ねた。「叔父、玉木文之進にございます」と寅次郎は答えた。藩主はその師がこの少年にこれだけの事を言わせたに違いないと考え、三年後、玉木の昇進が決まった。一族にとって名誉なことであった。最後には玉木は藩の重役にまで出世する。玉木が役職を得たので、松下村塾は一時封鎖となってしまう。次に松下村塾が生まれ変わるのは寅次郎の手によって数年後のことになる。

最初の藩主への講義の後、寅次郎は二年目にふたたび呼び出され、親拭というものを受けることになった。これは藩主自らが行う試験だった。この時の講義も見事に答えた。その頃、寅次郎にうれしい事がもう一つあった。母が六番目の子を出産したのだ。妹、文の誕生である。天保十年の春だった。十四歳の寅次郎が父親になったような気持ちで毎日、文の成長を見守った。藩主にも認められ、寅次郎は学者としても身が立つようになっていた。父の百合之助も盗賊改め方という身分につき、一家の暮らしはこの頃、ようやく安定を見たのだった。

それでも父は、野良の仕事を止めようとはしなかった。家族の食べる物くらいは自分の手で賄いたいと考えていた。だから寅次郎たちも百姓仕事と縁が切れなかった。「寅兄ちゃま、寅兄ちゃま」と、文が畦道を駆けて来たのはそんな日のことだ。

「寅兄ちゃま、文にお勉強教えてくだちゃいませ」「いろはを教えて、寅兄ちゃま」二人は畦道に座って兄ちゃん学校を始めるのだった。文は物覚えの良い子どもだった。寅次郎は藩主に講義する時も、三歳の女の子に物を教える時も同じく真剣だった。同じように本気だった。

嘉永元年、寅次郎は十九歳になった。寅次郎は独立の師範となり、明倫館の軍学の教授となって広く政治学を専門とした。寅次郎は藩主に乞われて学制改革の意見書をまとめて提出した。それは「教育が藩の将来をどれほど影響するか。人材の育成こそが藩の興亡の鍵である。大器はゆっくり成る。学問はゆっくりと熟すものだ」などの自論を展開したものだった。

この学制改革論が藩主の心をとらえた。藩主毛利敬親は特別名君とは呼ばれなかったが才能のある人物を見いだすことに優れていた。見いだした秀才に対しては厚く庇護した。寅次郎もそんな藩主のお気に入りだった。

一方、この頃の寅次郎の心を捉えていたものは旅だった。松本村と萩城下しかまだ見ていない。広い世界を自分の目で見たいのだ。その願いを寅次郎はまず母のお滝に打ち明けた。「広い世界が見たいのです」寅次郎は母にそう言った。万事に大らかなお滝は、

「そりゃあ、行って来るべし。私だって行きたいよ。こんな狭い所で一生を終わりたくはないよ」

母の言葉に背を押されるようにして、寅次郎は藩主にその願いを申し出た。

「そうか、旅に出たいのか」藩主はこの俊才の学習に遊学がどれほど役立つか、分かっていた。

「それでどれ位の期間になるのかね」「十ヶ月のお暇を頂きたいのです」

「そんなに長いのか。お主《ぬし》の講義が聞けなくなる」と言いつつも藩主は気持ちよく許可をしてくれた。「それで、どこへ行くのかね」と藩主に聞かれて、「平戸に参りたいと存じます」続けて寅次郎は「平戸藩には山鹿素行の弟子の山鹿万介殿がおられます。お目にかかって教えを乞いたいのです」もう一人、寅次郎は会いたい人がいた。「葉山左内《はやまさない》という方がおられ、江戸の新しい書物を取り寄せてお

られるとの事です。ぜひそれも拝見させて頂きたいのです」

この時代、藩士が外に出ることは難しいことだった。寅次郎はその許可をすんなりと頂くことが出来た上に、遊学の費用も全て藩が持ってくれたのだ。何もかもがうまく行った。二十歳の吉田寅次郎は、父の百合之助が親心でつけてくれた新介という下僕と共に念願の旅に出た。

# 旅の空

嘉永三年（一八五〇）八月二十五日、良く晴れた美しい夏の日だった。寅次郎念願の九州への旅立ちの朝である。準備万端を済ませ、寅次郎は家の前に立った。

「寅兄ちゃま、行っておしまいになるの。文も行きとうございます。お連れ下さい」とけたたましく、文が走って来た。見れば着物の裾をはしょって、草履を履いている。「文、兄様はお勉強にお出かけになるのですよ。文はお留守番」と母に諭されて文はしゅんとなる。

「寅兄さまと旅に行きたかったのに」

少しむくれて文は寅次郎を見上げていた。その文も七歳になり、兄から授けられる学問も大分進んでいた。文は兄の持つ学識の全てを吸収しようとして、張り切っている。「この子は女の子にしておくのは惜しい」と父親に言わせたほど文は利発な娘だった。

その文は年がら年中、兄のお尻を追いかけている。「寅次郎の腰巾着《こしぎんちゃく》」とあだ名されても気にもかけない。近年、多忙になってしまった寅次郎を掴まえるのは腰巾着としても至難のことだった。

文の大事な兄さまは、ずっと萩城下に行っていてやっと帰って来たと思ったら、今度は旅に出るという。それも海の向こうの九州だというのだ。文は自分一人の判断で兄に同行しようと決めていた。聞けば下男の新介もお供するというではないか。それなら妹の自分が同行してもかまわないのではないか。文はそう考えたのだ。

寅次郎は先刻から笑いが止まらない。文のやること、なすことが可愛くてならない。文の無鉄砲振りまでも可愛い。「お土産を買って来るからね」文の頭をなぜて、もう一度笑った。そうして、くるりと南にむき直してもう歩き始めていた。それほど時間が惜しかった。歩きながら口早に両親に別れの挨拶をした。「可愛い子には旅というじゃありませんか。広い世界を見て来なさい」母のお滝はいつもこんな風で屈託《くったく》がない。文の姉たち二人も門前に並んで寅次郎を見送っている。

文だけが飛んでもない所にいて、べそをかいている。そんな文を見て見ぬ振りをして寅次郎は前に進む。

「父上、色々ありがとうございます。寅次郎は収穫を一杯持ってもどります」最後に立ち止まって大きな声で父に挨拶をした。それきり寅次郎は振り向かなかった。寅次郎はもともと健脚であったが、初旅に出ると一刻も惜しんで歩いた。途中、用便をする時間も惜しかった。お供の新介は必死になって寅次郎の後を追う。新介は松本村の百姓の子だから体力はある。そんな新介でも寅次郎について行くのは大変だった。普通の旅人なら一日七里（二十八キロ）を歩くところを寅次郎は十二里（四十八キロ）を歩いてしまうのだった。

何故、それほど先を急いだのかと言えば、寅次郎にはわけがあった。それは寅次郎が十四歳の時だった。「このままでは日本はほろびるぞ」と言う話をする者がいた。「日本がほろびる？　そんな事があってたまるか」と十四歳の寅次郎は思った。徳川幕府は盤石《ばんじゃく》で揺らぎようもない。その下の藩もそれぞれ安泰である筈ではないか。

しかし山田宇右衛門は江戸で『世界情勢』という本を入手して、国難の迫り来る日を知ったのだ。寅次郎に危機意識を最初に植え付けたのはこの山田宇右衛門

山田宇右衛門（1813〜1867）
長州藩士。増野氏の生れだが、大組、山田氏（100石）の養子となり家督を継ぐ。藩にあっては中立派を貫いたが、1865（慶応元）年、参政首座となり、木戸孝允とともに藩内の指導的立場に就任したが、維新前に病没。

だった。山田は百石取りの上士で寅次郎の兵学の師であった。三年前、清国《しんこく》で起こったアヘン戦争の報は驚くほど早く日本に伝えられていた。アヘン戦争に負けた清国が香港を割譲させられ、開国を余儀なくされたということは日本にとって衝撃だった。列強の手は伸びて来る。清国の二の舞になってはならない。しかし、この時、幕府がした事と言えば、それまでの「異国船打払令」を引っ込め薪水給与令を出して、漂流した外国船には薪水、食料を与える事にしたのだ。とにかく列強を刺激しないという策だった。

「それでは駄目なんだ」と山田は寅次郎に語った。江戸で入手したばかりの知識を山田は熱く語った。「これからは国際情勢を勉強しなければ、日本は列強の植民地にさせられてしまう」と山田はこの時に言った。十四歳の寅次郎の柔らかな頭に、この日の山田の話が強く残された。その時から寅次郎は旅に出ることを考え始めた。それまでも手に入る限りの書物は読破していたが、「本を読むだけでは駄目だ。広い世界を見て来なくてはならない」狭い自分の世界から抜け出るために旅を夢見て来た。

「それが今、適うのだ」寅次郎は先を急がずにはいられなかった。それでついつい足が早くなる。新介は息急《せ》き切って供をした。それほど歩いても、寅次郎は夜

アヘン戦争
1840年から2年間、中国（清）とイギリスの間で行われた戦争。名前の通りアヘンの密輸が原因となった戦争である。

になると一日の行動と見聞を日記に記した。その日記が『西遊日記』として残された。「良く見、良く聞いて、感動しなければ旅の意味はない。漫然として旅をしてはいけない」と寅次郎は書く。旅の極意というものがこの人には分かっていたのだ。

感動すると詩が出来た。それが皆素晴らしい。寅次郎には、生来文学的素養があったのだが、寅次郎の師であった父や叔父の玉木は「文学は無駄なことだ。遊びだ」と言って認めなかった。武士の子どもが大抵、身につける『唐詩選』も寅次郎は知らなかった。父や叔父は経学の徒で実用を重んじたのだ。

そんなわけで寅次郎は文学についての教養はまるでなかったのだ。それなのに旅の空で感動をすることがあると詩は自然に生まれた。この最初の旅でもみずみずしい漢詩がいくつも出来た。「文学とは人から学ぶものではなく、自分の中から溢れ出るものだ」と寅次郎は知るのだった。旅という体験で、寅次郎の中に眠っていた感性が飛び出して来るのだった。

寅次郎は旅の空の下、何もかもが新鮮だった。小さな村の道を行く男たちの姿、貧しそうな小さな家のたたずまい、そんな様子も日記に記した。「見たものを文字にして残そうと意識することこそ文学の最初の一歩なのだ」と寅次郎は考えて

唐詩選
明の李攀竜が編纂したといわれる唐代の漢詩選集。465首を収録。江戸時代の日本では「唐詩三百首」と並んでよく読まれた。

いた。

その後、寅次郎はドイツ人ケンペルの『日本誌』に出合った時、ケンペルの観察記録が自分と同じであることに気付くのだった。目に入る風物、景色、人々、何もかもが寅次郎の心を動かした。

それにしても、初日、寅次郎は歩き過ぎた。足を痛めてしまう。新介に勧められて馬に乗ることにした。馬の背から見る見知らぬ風景が又、新鮮である。驚きであった。

寅次郎の旅はやがて下関に入った。ここでは伊東木工助という金持ちの家に泊めて貰う。萩の藩士は下関に来るとこの家で世話になることに決まっているのだという。ここまで来て寅次郎は病いに倒れてしまう。風邪をひいたらしい。この家の主人は用心をして医者を呼んでくれた。その医者が、尾崎秀民というただの町医者だったが大した人物だった。

尾崎の方でも寅次郎をただ者ではないと見て取った。二人は意気投合して話し込んでしまった。尾崎は医者の仕事も放りだして、話し込んで行く。寅次郎はこの時、尾崎の郷里豊後日出《ぶんごひじ》の高名な学者、帆足万里《ほあしばんり》の事を初めて聞いた。

日出藩の家老である帆足が何故これほどの学者と成り得たのか。尾崎は熱く

エンゲルベルト・ケンペル（1651〜1716）
ドイツ出身の医師、博物学者。ヨーロッパにおいて日本を始めて体系的に記述した「日本誌」の著者として知られる。シャム（タイ）を経由して1690（元禄3）年来日。オランダ商館付の医師として約2年間、出島に滞在。江戸参府も2度経験し、将軍綱吉にも謁見した。

語った。帆足は経済学から和算、天文学、医学、物理学を制覇した後、中年になってからオランダ語を独学で修得したのだそうだ。何よりも寅次郎を動かしたのは帆足が著した一冊の本だった。『東潜夫論』というその本は国家論であって、日本の進むべき道を示した書であるが、幕府に気遣って出版はしなかった。弟子の尾崎はその論文を書き写して秘蔵していた。

「それが読みたい」と寅次郎が言うと家に人を走らせ、『入学新論』と会わせて二冊の手書き本を持って来させた。「禁書ですよ」と念を押して、尾崎は二冊を置いて行った。

寅次郎はいつのまにか風邪も治り、帆足の本に熱中した。帆足はこれらの本で貨幣論から物価対策論、外国貿易論などを語っている。明治になって日本人は平等論や富国論を唱え始めるのだが、その二十年前にそんな事が分かっていた学者がいたのだ。

寅次郎は二晩をかけてそれらを読み通し、「帆足の二書卒業す」とその夜の日記に記した。思えば下関で熱を出したために尾崎医師に出会い、帆足の二書にも出合えた。「旅というものはまことに面白いものである」と感心しながら先を急いだ。

帆足万里（1778～1852）
江戸後期の儒学者。豊後日出藩家老の子として生まれた。三浦梅園、広瀬淡窓とともに豊後三賢のひとりと言われる。

ついに関門海峡を渡り門司に着く。海を越えればそこは他国である。門司の港を過ぎて寅次郎の旅は小倉を過ぎ、佐賀を過ぎてやがて長崎に入る。九月五日、寅次郎は長崎の長州藩邸に入る。ここまで来て、新介を国へ帰した。

いよいよ一人旅である。多くの人が異国情緒溢れる長崎の風物に感動するものだが、寅次郎はさして心を動かすことはない。それよりも一日も早く平戸に行きたい。気持ちは急くのだった。

平戸に行く手立てとして、事務手続きをしなければならない。

こうしてようやく平戸についた。師の山田が「平戸に行け。そうすれば君は一段と学問を深めるだろう」と言ってくれたのだ。

その平戸についに到着した。ここには山鹿素行の子孫の山鹿万介がいて山鹿流兵学の学統を継いでいた。長州藩としては山鹿流兵学の水準を上げなければならない。それで寅次郎の遊学が許可されたのだった。

ところが、寅次郎が平戸について見ると、山鹿万介は高齢でしかも病体であったため、残念ながらこの人に学ぶことは出来なかった。寅次郎にとってこの人に兵学を学ぶというのは旅の口実だったのでかまわない。むしろこの人の高弟である葉山左内の持っている新しい書物が目当てだった。それを読ませて貰うことは

平戸
長崎県北西部の平戸島とその周辺を行政区域とする都市。平戸藩松浦氏の城下で鎖国前は中国やポルトガル、オランダなどとの国際貿易港だった。

寅次郎の一番の目標だった。

葉山左内は平戸藩の家老だったから忙しい。寅次郎には書斎の本を自由に読んで良いとの許可をくれた。これは有り難かった。寅次郎の旅は実は左内の蔵書が目当てだった。それらの本は寅次郎にとって宝物のように貴重なものだった。特に「近時開国必読書」などは西洋の地理、歴史、国情などが書かれた本で七巻もあったが、西洋文明を知る手がかりとなった。

西洋の事情が知りたい寅次郎には目をみはるほどの驚きの本だったのだ。そればかりではなく左内は『慎機論《しんきろん》』を持っていた。この本は発禁となり、渡辺崋山が捕らえられる原因となった本である。

アメリカのモリソン号が日本の漂流民七名を日本に送り届けるために来航したが、幕府は逆にそのモリソン号を撃退してしまうという事件が起きた。

そのモリソン号事件を渡辺崋山は批判した。それが『慎機論』という本だった。崋山はそんな幕府のやり方をまずい対外政策として批判した。『慎機論』は発禁となり、崋山は捕らえられる。「蕃社《ばんしゃ》の獄」である。

蕃社の獄の翌年、アヘン戦争が勃発している。モリソン号事件だって列強のアジア進出の口実にされてしまう。渡辺崋山の危惧は実は現実のものだったのだ。

渡辺崋山（1793〜1841）
江戸時代の武士、画家。三河田原藩士。のち家老となった。貧しさをしのぐ目的もあって画業を始めたが、それが大きく花開き、その人脈を広げた。1839（天保10）年5月に起きた言論弾圧事件である「蛮社の獄」で高野長英などとともに捕えられ獄につながれた。

幕府もアヘン戦争の報に接するとあわてて「異国船打払い令」を引っ込め、薪水給与令を出すことになった。しかし、いち早く、それらの危惧を指摘した崋山が罰せられることになった。

その『慎機論』を寅次郎は平戸まで来てようやく手にすることが出来たのだ。寅次郎は師の山田が「とにかく平戸に行け」と強く勧めたわけがやっと分かった。寅次郎は「紙屋」という旅館にこもって左内の本を次から次と読みふけった。

平戸についた時、その夜の宿も寅次郎にはみつからなかったのだ。ついに寅次郎はこの町のたった一人の知り合いである葉山左内をいきなり訪ねてしまう事にした。左内はやさしかった。「さあ上がれ、上がれ」と言ってくれるが、ここまでの長旅で衣類は汚れ、とてもお邪魔は出来ない。「あらためて明日伺います。ついては旅館を紹介して頂きたい」と寅次郎は言った。

「お安い御用」と左内は下男を紙屋に走らせてくれた。下男が戻る間も惜しんで、左内は寅次郎に『伝習録』の講義を始めた。左内は寅次郎が自分の話を吸取紙のように吸収する様子に驚いていた。「話し甲斐がある」と左内は、寅次郎の学習意欲に感動していた。

平戸滞在中の寅次郎は紙屋で過ごすことになった。この宿にこもって、左内か

葉山左内（1805～1864）
平戸藩の家老職。号は鎧軒。17歳で江戸に出て佐藤一斉に学ぶ。1855（安政2）年に著した「儲保軌鑑」は一斉の激賞をうける。1860（万延元）年、藩主世子に従い再び江戸へ赴き、藩執政の要職をつとめる。

ら借りた本を夢中になって読破した。ここでも病いに倒れ、寝つく日もあったが、それでも本は手放さない。

寅次郎は自分の読んだ本の記録を残した。自分の感想も書き込んだ。本の筆写をする夜もあった。そんな折、紙屋の方ではサービスのつもりで娼妓を用意したことがあった。酒の用意もあったが、寅次郎には女も酒も要らない。彼は『和蘭記略《わらんきりゃく》』や『丙蘭異聞《へいらんいぶん》』など西洋の歴史などを記した本を自分の脳裏に強く残さなければならない。女や酒どころではない。

もう一冊、左内の蔵書の中で寅次郎の心をとらえた本があった。それが『阿芙蓉遺文《あふようういぶん》』である。これは清国の人が、自国で起こったアヘン戦争のことをありのままに書いたものを日本語に訳したものだった。寅次郎は、これまで断片的な知識しか持てなかったアヘン戦争に至る真の成り行きを教えられたのだった。この戦争のかげに欧米列強のアジア侵略の野心があったことを寅次郎はあらためて教えられた。

十四歳の時、師の山田から「日本が危ない」と教えられたことが蘇った。「こうしてはいられない」焦る気持ちもあった。自分は何をしたら良いのか。葉山左内と話し込むこともあった。貴重な書物を惜しげもなく読ませてくれた左内にはどれほど感謝してもしきれない。この人が江戸でこれらの本を入手しなければ寅次郎が出会うことさえ出来なかったのだ。

「とにかく、もっと見聞を広めることだ。もっと勉強しなくてはならない」というのが、この時の寅次郎の結論だった。それには一日も早く帰らなくてはならない。旅どころではないのだ。

「ちょっとお待ち下さい」左内は山鹿万介に会って行くべきだという。確かに寅次郎の旅の目的は山鹿万介に会って兵学の道を指導して貰うというものだった。それ故に藩主からの旅のお許しが出たのだ。一目も会わずに帰るということは出来ない。何回となく山鹿家を訪ねたが面会はかなわなかった。そこで寅次郎は書状を渡して貰うことにした。「自分の家の吉田家の先祖は山鹿流兵学を学び、長州藩の兵学の師範に採用された者です。自分は吉田家に養子に入ったものですが、幼くして養父を失い、充分な兵学の道を学べなかった者です」「貴方さまの正統な道統に触れさせて頂くことを得られればこれ以上の喜びはありません」と記された寅次郎のこの手紙が山鹿の気持ちを動かした。

急遽、面談が許された。「今日来らるべし」という吉報が届いた。寅次郎は宿の人々の世話で紋付き、袴を揃えて貰い、晴れて山鹿屋敷に出掛けて行った。手

宮部鼎蔵（1820～1864）
熊本藩士、。尊皇攘夷派の活動家。医師の家に生まれたが、山鹿流軍学を学ぶ。1864（元治元）年、京都池田屋で会合中に新選組に襲撃され奮戦するが、敗北を悟って自刃。

みやげに萩焼きの茶碗を持参した。その日から門人の列に加えられ、山鹿流の兵学の徒となった。本来の旅の目的は果たすことが出来た。

結局、寅次郎は五十日余り、平戸にいた。平戸に別れを告げた後、寅次郎は再び長崎に行き、熊本に足を伸ばした。ここで寅次郎は生涯の友となる宮部鼎蔵《みやべていぞう》と出会うことになる。長崎から海を渡って肥後、熊本に行くのだが、長崎を発つ際、長崎の砲術家、高島秋帆《たかしましゅうはん》は寅次郎に砲車を見学させてくれた。清国の通詞について支那事情の研究をすることも出来た。長崎は鎖国の日本で唯一カ所、世界に向かって小さな窓を開けていた所なので、何もかもが珍しく、二十日ほどを有意義に過ごした。

平戸に行く前に立ち寄った時は先を急ぐあまり、長崎をしっかり体験することがなかったのだ。その高島から「肥後に行くなら池辺先生に会うべし」と勧められ、紹介状を書いて貰った。

この池辺を訪ねた寅次郎は初めて宮部鼎蔵の名を聞かされた。「我が肥後藩の兵学の師匠で宮部という面白い人物がいます。吉田さんと気が合うかも知れない」そう言って池辺は宮部を紹介してくれた。池辺の直感通り、宮部と寅次郎はたちまち意気投合した。こんなに何気ない瞬間にこれほど心の合う友に出会えるとは

高島秋帆（1798〜1868）
幕末の兵学者で日本近代砲術の祖。長崎の町年寄兼鉄砲方。蘭学、兵学を修め、オランダ人につき火技、砲術を研究。砲術の実射演習で名声を得、江川太郎左衛門らに教授。

と寅次郎は驚いていた。同じ兵学の道を志す者であること、互いに日本の将来に危惧の念を持っていることが二人を一気に近付けた。

「懇篤《こんとく》にして剛毅《ごうき》の人なり」と寅次郎は宮部を評した。つまり気に入ったというわけだ。

その宮部鼎蔵は寅次郎より十歳上、元は医者の家に生まれたが医学よりも兵学を好み、路線を変えた。叔父が兵学者であったため、この人から山鹿流兵学を学び、叔父の養子となり、藩の兵学師範として認められたと言う人物だった。

寅次郎は宮部と語ることがこれほど楽しいことに驚いた。ついに旅を一日延ばして、熊本に滞在した。宮部も寅次郎と別れることを残念がった。

## 江戸に行きたい

「今度は江戸で会おう」宮部はとんでもないことを言い出した。宮部は近々、藩命によって江戸に行くのだという。その話を聞いた時、寅次郎の心に初めて、「江戸に行きたい」という思いが生まれた。しかし、自分は無理だろう。九州旅行さえやっと許可を貰ったのだ。「江戸に行きたい」などと言いだしにくい。「とても無理だろうな」と思いつつも宮部の「江戸で会おう」の言葉を歌のように聞いた。「江戸行き」ということが寅次郎を支配し始めたのだった。考えて見れば、平戸で感心して読んだ書物もみんな江戸で作られ、江戸から運ばれたものなのだ。

日本の中心の江戸に行けばもっと新しい、もっとすごい本に出会えるだろう。しかもこの魅力のある宮部とも会えるのだ。

そんな夢を膨らませながら寅次郎は帰路を急いだ。一刻も早く帰って、江戸行きの手だてを考えなければならない。はやる心をおさえて、寅次郎は故郷への道を急いだ。

この年の十二月二十九日、寅次郎は意気揚々と松本村の杉家に帰って来た。「寅がただ今、戻りました」時刻は五つ半時（夜の九時）を廻っていたが、寅次郎の声は大きかった。十ヶ月の許可を貰っての旅だったが四ヶ月で寅次郎は戻って来た。「寅兄様の声だ」文が鉄砲玉のように飛び出して来た。

ここまで来て、寅次郎はハッと気がついた。文に約束した土産を買うのをすっかり忘れてしまったのだ。文どころか、寅次郎は両親にも兄にも他の妹たちにも土産一つ買って来なかった。「寅の旅はそれほど忙しかったに違いない」父はぽつりと言った。皆は黙って頷いた。「寅兄様が元気でお帰りになったのだもの、文は何も要りません」文の声ばかりが響いていた。

この妹たちに人形の一つも買ってくればよかった。両親だって遠い見知らぬ土地の変わったものの一つや二つ欲しかったにちがいない。「全く自分は気の回らない人間だ」寅次郎は下を向いた。その時、母のお滝が寅次郎の顔をのぞき込んで、「寅の顔が変わったた」と叫んだ。「寅の顔が変わったよ」と母は歌うようにもう一度言って、笑った。皆も頷いた。それほど寅次郎の武者修行は充実していて、収穫があったのだろう。わずか四ヶ月でこの子がこれほど変えてしまう旅というものに母は驚いていた。

寅次郎が松本村の自宅に帰って、まもなく新年を迎えた。

嘉永四年（一八五二）の春である。家族と一緒に過ごす時間はほっとするものである。腰巾着の文は「勉強を教えて」と追いかけて来る。それが何とも可愛い。「これからの女性はしっかり学ばなくてはならない。西欧では女性だけの学校もあるのだそうだよ」寅次郎は平戸で読んだ『近時開国必読書』から得た知識を早速文に語った。「寅兄様、西欧とはどこでございましょう。九州よりも遠いのですか」「文ちゃん、世界は広いのだよ。文ちゃんは広い世界に出て行かなくてはならないよ。女の子もしっかり勉強しなくてはね」

寅次郎はこんな幼い女の子にも物を教えることを怠らなかった。決して手を抜かなかった。

一方、頭の中は江戸行きのことで一杯だった。「文ちゃん、兄ちゃまは江戸が見たいのだよ」寅次郎は幼い文にそんな事をつぶやいた。「江戸なら文も知ってます。将軍さまのいるところでしょ。文も行って見とうございます」そういう文はまことに利発で愛らしかった。

その直後、寅次郎はさっそく行動を起こした。「学問のためにぜひ自分を江戸にやって欲しい」と藩主に願い出た。答えは希望の持てるものだった。「学問のためなら江戸に行くべきだ」と言ってくれたのだ。

運もよかった。ちょうど藩主が参勤交代で江戸へ上ることになっていた。出発は三月だが、もうその準備が始まっていたのだった。この時、藩主は寅次郎の要望を受けて、江戸への遊学生二十人を参勤交代の行列に加えることにした。寅次郎はその中の一人に加えられることになった。この遊学生のメンバーには小田村伊之助、後の楫取素彦《かとりもとひこ》もいた。この人は寅次郎の妹、寿の夫になる人、その寿が死去した後、夫、久坂玄瑞に先立たれた文と再婚することになる人物である。

実際に藩主のお供をした学生は寅次郎を入れて十六名になった。

若き日の遊学生たちはほとんどが江戸は初めてという者ばかり、抱えきれない期待と希望を抱いていた。小田村の他には中村百合蔵、中谷正亮らがいた。中谷正亮は後に松下村塾の中心メンバーとして活躍する人物である。

いざ出発という段になって寅次郎たちはもう一つ、虫の良い願いを申し出た。「藩主の行列より先に出発させて欲しい」という願いである。行列と一緒であれば様々な制約があって自由に風物の見学も出来ない。寅次郎たちはその願いを恐る恐る申し立てると「学問のためならば」ということでそれも許可されたのだった。

こうして萩を出立したのは嘉永四年三月、早春のことだった。それは浦賀にペリーが来航する三年前のことだった。

# 佐久間象山

この年、寅次郎は二十一歳、文は七歳になっていた。「又、寅兄様は行ってしまわれるのですか。文はつまらない。先生がいなくなってしまうのですもの」と文はむくれていた。「でも、兄様に江戸のお話が聞けるのだもの。文はそれが楽しみです」

文は自分でむくれて自分で自分を納得させて、寅次郎を機嫌良く送り出した。「文は本当に可愛い」二十一歳の兄は笑いながら妹を振り返った。赤い筒袖の文が力一杯、手を振っていた。

藩主の行列から離れた旅は、寅次郎にとって自由で気楽で快適だった。わずか数時間、先行したに過ぎないのに、それは自由な時間だった。かつてドイツ人、ケンペルがしたように、通り過ぎる村々の風物やそこに生きる人々の表情までも観察し、記録しながら旅をすることが出来た。

それにしても萩から江戸への距離は大変なものだった。若い学生たちの足でも三十五日かかった。ようやく、一行が六郷の渡しを渡ったのは春も盛り、四月九日のことだった。渡し船に桜の花びらがふりかかっていた。暗いうちに川崎を発って六郷を渡りきり品川につく頃は、朝焼けの空が広がり、えも言われぬ美しさだった。

「これが江戸か」すっかり夜が明けたのは泉岳寺の門の前を通過した頃だった。赤穂浪士の事件は百五十年も昔のことではあるが、この忠臣たちの物語は寅次郎の気持ちを離れないものだった。

江戸に着いたばかりの寅次郎はゆっくりと浪士たちの墓参をすることも適わなかったが、心を残して門前を通り抜けた。この日の朝八時、一行は長州の桜田藩邸に入った。二時間後、藩主の行列も藩邸に到着した。

こうして寅次郎の江戸暮らしが始まった。寅次郎は江戸の一流の学問を身につけたいと焦った。当時、江戸随一と言われた安積艮斎《あさかごんさい》先生の塾に入門するため、稽古切手を出して貰わなくてはならない。その外出許可証を手に寅次郎は安積の塾に急いだ。その他、「これは」と思う師があれば積極的に出掛けて行った。しかし、

安積艮斎（1791〜1861）
幕末の朱子学者。陸奥二本松藩郡山の宮司の息子。17歳で江戸に出て、佐藤一斉に学ぶ。その後、私塾を開き、岩崎弥太郎、小栗忠順、清河八郎らが学んだほか、吉田松陰にも影響を与えた。

大して心を動かすこともなかった。寅次郎がすでに身につけている教養や識見以上のものを持つ師には出会えなかった。

そんな矢先だ。長州藩士の田上という男が佐久間象山の高弟、越後長岡藩の小林虎三郎と面識があった。それが縁で寅次郎はついに佐久間象山にたどりついた。五月二十四日、寅次郎は手土産の扇子一本を携えて、佐久間の元を訪れる。「江戸にはろくな師はいない」と失望しかかっていた寅次郎は象山に出会って、この人に強く惹かれて行く。

佐久間象山は文化八年（一八一一）に信州松代藩士佐久間一学の子として生まれ、長じて江戸の佐藤一斉に漢学を学ぶ。藩主真田幸貫《さなだゆきつら》が老中である時、海防係に任じられる。象山は江川太郎左衛門に西洋砲術を学んだ。三十二歳の時、佐久間は『海防八策』を藩主に建議した。画期的な海防意見はつとに有名になる。特に時勢を見抜く佐久間の俊敏さが評判になった。

嘉永四年、象山は一家を上げて江戸に出て来た。深川木挽町五丁目に念願の私塾を開いた。砲術家としての象山の名は松代藩を出て広く行き渡っていた。訪問者は堰も切らず、応対に苦慮するほどだった。寅次郎が象山を訪ねたのはそんな時期だった。

寅次郎というのはとにかく自分の身を構わない人だった。食べることにも無関心だが、着るものはなおのこと、気にかけない。佐久間象山との面会の機会を得たというのに相変わらず粗末な衣類で身をまとい、髪の手入れも充分ではない。象山はこの学生を一目見るなり、不快になった。「人を初めて訪ねるのに平服とは何事か」とどなりつけたと伝えられる。この後、象山は「あの長州のあばたの学生、みかけによらずなかなかの男だな」とつぶやいている。外見ではなく、寅次郎の内面を見抜いたのだった。

寅次郎は寅次郎で、これまで江戸の学者たちに会って失望していたのだが、象山の新しい識見に感服した。

「いつまでも国を閉ざしていては文明に遅れる。外国から侮られる。進んで開国をして新しい知識や技術を取り込まなくてはならない」という象山の主張は寅次郎の考えと見事に重なった。しかも象山は実際に蘭学や砲術を自分のものとしていた。象山に傾倒して行く寅次郎は、江戸に出て初めての心からの納得を得ていたのだった。「自分はこの先生に会うために江戸に来たのだ」寅次郎はそう確信するのだった。萩、松本村の師、玉木に寅次郎はこう書いている。

「真田侯の藩の佐久間修理（象山）という人は非常に才知に長けてずば抜けて優

れた人です。もともと佐藤一斉《さとういっさい》の門下で、経学では安積艮斎よりもよかったと清河（八郎）が言ってます。安積自身もそう言ってます。今は砲術家になっておりますが砲術を学びに来た者にも必ず経学を学ばせます。逆に経学を学びに来た者にでも砲術を教えます。西洋の学問も大分出来るそうで原書の講釈も出来ます。私も一度聞きました。」

寅次郎はこのように象山に傾倒している自分を郷里の先生に報告している。この手紙を書いた真の理由は故郷の萩で「江戸に行った吉田寅次郎が最近、蘭学を勉強している」という噂が立ったのを危惧した玉木が寅次郎に問い合わせた返答の手紙だった。玉木先生は保守的な人物で洋学を学ぶことを良しとしなかった。寅次郎はそんな玉木にあえて安積艮斎の名を出して、佐久間の学者としての優秀さを表現する必要があったのだ。安積の名は萩の田舎にまで轟いていたのだ。やがて佐久間象山の名が日本中に行き渡る時が来る。この頃はまだ無名で西洋かぶれの危険な学者であったことが、これらの子弟の往復書簡で分かる。

又、寅次郎が佐久間に惹かれた理由の最大のものは「国を開かなくてはならない」という思想だったが、この時期ではそれも危険思想であったのだ。

江戸における寅次郎の修行は寝る間もないほどだったが、遊学生たちの集まる場所があった。蒼竜軒という店は江戸にいる遊学生たちのたまり場だった。江戸遊学の収穫の一つに他藩の若者の考え方を知る最高の機会だったのだ。寅次郎は蒼竜軒に現れる筈の人物を待っていた。熊本の宮部鼎蔵だ。それは寅次郎に江戸行きを最初に勧めた人だった。その時、宮部はすぐにも江戸に立つように言っていた。むしろ寅次郎の江戸行きの可能性の方が低かったのだ。それが逆になった。

宮部が蒼竜軒に現れたのは五月半ばのことだった。ついに江戸で宮部に会えたことがうれしかった。寅次郎は喜んで、宮部を長州藩邸に連れて来て、皆に紹介した。そればかりか宮部を藩邸内の藩校有備館の教師にしてしまった。「宮部君は我が友ではあるが、その学殖、識見は我よりはるかに上である。師となる資格、充分である」と寅次郎は藩の重役を説得してまわった。すでに寅次郎は藩校隋一の教師であったのだから、宮部の教師就任はすんなり進んだ。

江戸で宮部に会うことは寅次郎の目標でもあったのだ。「熊本で話し足りなかったことをやろうぜ」二人は口角泡を飛ばして語り合った。江戸に来て、二人がともに驚いたことは日本の危機について誰も気にしていないことだった。「佐久間象山先生だけだよ。分かっているのは」寅次郎たちはためいきをついた。

この年、六月、宮部と寅次郎は十日をかけて安房、相模の沿岸を視察した。防備がどの程度進んでいるかを自分たちの目で見て来ようと二人は思い立ったのだ。思えば行動してしまうのがこの二人だ。二人は各所の砲台や駐屯地を確認しその整備や人員を調査した。が、二人は独自に出掛けただけで藩の許可や幕府の支援などないのだから、肝腎のところが見せてもらえなかったり、追い払われたりして、調査は不十分に終わった。

それでも二人は本質を見抜いた。あまりにも警備はおざなりである。二人の最大の不満は、近年の防衛を論ずる者たちが実地検分もせず、有事の危機を語っているだけだということだ。兵学の一歩は土地の遠近を計り、地形を知ることである筈なのに机上の空論を繰り返しているということだった。宮部は『房相沿岸防備図』と『房相漫遊日記』を残している。この時から二年後、米国のペリーが艦隊を率いて浦賀沖に姿を現すのだ。

若い二人の心配が杞憂でなかったことが証明されるのだが、誰もそれを知らない。むろん当の二人も知らない。

# 東北旅行

二人は東北旅行を考えていた。最初に宮部がそれを言い出したのは嘉永四年の七月に入ってすぐだった。東北旅行はぜひとも実行したいことだったから、寅次郎は一も二もなく賛成した。長州から江戸に出ていることがすでに旅の途中であるわけだが、寅次郎には見知らぬ土地に行ってみたいという欲はいつもあった。

この時、東北方面に旅する意味を寅次郎は山田宇右衛門にこう書いている。

「薩摩の兵学者肝付兼武は松前や佐渡にまで実地調査に行った人物だが、西洋の船が上海、広東に至り壱岐、対馬の間を東上して松前と津軽の間の海峡を越えて南に折れる航路を通って、盛んに貿易している様子をその目で見たそうである。その上、日本の貨物船や漁船が海賊に度々襲われているが、幕府に申し立てるとかえって咎められることを恐れて泣き寝入りしているのだそうです。兵学者には看過出来ない事実である。私は自分の目で見て来たいのです。」

十四才の寅次郎に最初に日本の危機を教えてくれた山田先生への手紙である。寅次郎の東北旅行が物見遊山《ゆさん》ではないことが知れる。

こうして実際に二人が東北に向けて出立したのは、この年の十二月十四日だった。それまでの間、二人には越えなくてはならない山川があった。まず二人の話を聞いて同行したいという人物が現れた。江幡五郎である。江幡は仇討ちを考えていて郷里の盛岡まで一緒に行きたいというのだ。

江幡の仇討ちというのがこういう話だ。江幡の兄は無実の罪で自殺に追いつめられたのだという。江幡家はお家断絶、五郎は浪人の身となった。江幡は兄を自殺に追い込んだ田鎖左膳《たぐりさぜん》を討てば兄の仇が取れる。それで江戸に出ていたが、なかなかその機会にめぐまれなかった。それがこの度、田鎖が江戸から盛岡に帰るという情報を得た。田鎖の帰路を待ち伏せて襲い、本懐を遂げたいというのが江幡の計画だった。江幡の話に胸を打たれた寅次郎たちは同行を認めたのだった。

寅次郎はすでに藩邸に赴き、外出許可は早々と取っていた。旅費については公費では賄えないので、寅次郎は萩の兄、民治に無心した。兄はすぐに十両もの大金を送ってくれた。貧しい実家の経済状態は痛いほど分かっている。有り難いと思わずにはいられない。

松本村の杉家は寅次郎が思いをえがくまでもなく、毎日きちきちの暮らしをしていた。相変わらず早朝から野良に出て皆良く働いた。八歳の文は、もう一人前の働き手だった。江戸の寅兄さんから金の無心があったことも文は知っている。そのために家族は一層倹約を強いられることになるのだが、そんな事は何でもない。「寅兄様のためならば、出来ないことはない」と文は言う。母のお滝も「寅のためじゃ。寅は日本一の学者になる。絶対なる。皆で応援してやっとくれ」一家はこうして倹約生活に堪え忍ぶのだった。

寅次郎には家族の苦労が手に取るように分かっていた。

それなのに寅次郎はもう五両、兄にねだった。兄は黙って、五両を工面してくれた。涙が出るほどうれしい。家族が寅次郎の学問での成功を願っていることが良く分かった。

ところが、寅次郎の行動は家族の期待を裏切ることになってしまう。東北旅行の出立を直前にして寅次郎ははっと気がつく。藩邸の許可は下りていたが、過所（通行）手形がまだ発行されていない。これは浪人である宮部や江幡には必要のないものだが長州藩の藩士は無ければ旅は出来ない。藩に詰め寄ると藩主は萩にもどってしまっているから藩主の印は押せない。「藩主が戻るまで待て。出立の日を伸ばせば良いではないか」の一点張りである。

この時、寅次郎は脱藩の決意をする。友人との約束を守るために藩士の身分を捨てるというのだ。「馬鹿なことを。友達との約束を守るために浪人に身を落とすとは」と藩邸の誰もが呆れて、理解に苦しんだ。

その時、寅次郎はこう言っている。「約束した友達が同藩の者なら、謝って旅の出立を遅らせることも出来よう。しかし他藩の友を裏切って長州人は約束を守れないと思われたのでは、長州人全体の不名誉につながる」と言い切り、脱藩に踏み切ったのだった。

とくに赤穂浪士の討ち入りの十二月十四日を出立の日に選んだのは、江幡の仇討ち成功を願ってのことだった。何としても守らなくてはならない日だった。

寒い東北に旅する若者たちは苛酷な道をあえて選んで行く。

出立は寅次郎が先に出た。長州藩の追っ手を避けるため、先発したのだった。一行は水戸の剣客、永井政助の家で合流した。この家で一ヶ月余り逗留することになるのだが、合流した宮部の口から寅次郎は思いがけない話を聞かされた。最初、長州藩は寅次郎の脱藩の件を問題にした。その時、来原良蔵《くるはらりょうぞう》が進んで自分が

赤穂浪士
1703（元禄 15）年、前年に江戸城で刃傷事件を起こし、切腹を命じられた旧主浅野内匠頭長矩の仇である高家吉良上野介義央の屋敷に討ち入り、吉良を殺害した大石内蔵助良雄以下 47 人の旧播磨赤穂藩士。赤穂義士ともいう。

罪を被り、寅次郎を庇ったのだという。結局騒ぎは納まり、寅次郎の処分は彼の帰国を待って決めようという事になったのだそうだ。「それで追っ手が来なかったのか」寅次郎は納得した。しかし、寅次郎を庇った来原も寅次郎と同罪となり、藩を追われてしまうかも知れないのだ。

宮部はこの話をした後、「それにしても長州藩には良い人物がいるものだ」と感心しきりである。例えば宮部の熊本藩などでは、上下関係は守られるが横の友人関係の信義などは大切にはしない。熊本ばかりではなく、日本の国そのものがそのような傾向にあった。日本人が友情や友誼《ゆうぎ》を重んじることを知るのは明治になって西欧の思想が入ってからのことだ。寅次郎と来原とはそれほど親しい間柄ではなかったが、この一事は衝撃的であった。

早速、国元の父親に手紙を書いて来原のことを知らせ、来原の罪を軽減するよう計らって欲しいと伝えたがこれは逆効果だった。この手紙のせいで、寅次郎の父や兄まで罪を背負わされることになってしまった。

しかし、今は旅を急がねばならない。水戸の永井邸で年越しをした寅次郎たちは北上を続ける。雪と氷に悩まされつつひたすら北に進む。一月二十八日、白河の関で寅次郎たちは江幡と別れる。寅次郎は江幡の仇討ちの応援がしたかったが、

来原良蔵（1829〜1862）
長州藩士。明倫館で学んだ後、江戸で安積艮斉の門に入る。桂小五郎と親交を結び、妻ハルは桂の妹。藩の西洋銃陣の改革などで功績をあげたが、幕府より長井雅楽の航海遠略策に賛同したと批判され、江戸藩邸で自刃。

他藩の人に助けられたのでは仇討ちにならない、と江幡は言って一人北を目指して行った。去って行く江幡を見送りながら寅次郎たちは涙するのだった。本懐を遂げた江幡と再会出来るよう、寅次郎たちはこれからの旅の予定を江幡に告げていた。

その後二人は、会津城下、若松を目指した。雪山を越えての会津入りだったが、着いて見れば会津藩は文化の進んだ所で政治、教育の改革も進み軍備なども進んでいるのに驚き、ここでも沢山の人物との出会いがあった。会津に一月二十九日から二月六日まで滞在した。学ぶべきことの多い八日間だった。会津から新潟は間近であったが、雪に阻まれて旅は難渋した。

新潟を目指したのは、佐渡に渡って松前に向かいたいと考えたのだったが船便がなく、佐渡まで行って断念することになった。気候が悪く、どうにもならない。佐渡まで行って、金山などを見学して新潟に戻るしかなかった。その後は陸路、海辺を歩いて北を目指すことになる。深い雪と戦いながら秋田、弘前を抜けて三月五日、本州最北端の竜飛岬に到着した。南の国、長州育ちの寅次郎にとって、この雪に抵抗しながらの旅は苛酷なものだった。竜飛岬から船で津軽海峡を漕ぎ出し海から本土を見ることが出来た。

会津藩
藩庁は会津若松市にある若松城。江戸時代の初代藩主は３代家光の異母弟保科正之。正之は領国での政治より、よく家光を助け幕政に重きをなした。そのため会津藩は幕末では佐幕派の代表と目された。

この湾にロシアの軍艦が出没し、松前藩の軍船と争ったりもするという。寅次郎の危機感は現実のものとして認識された。それに対して、江戸の幕府も各藩もあまりにものんき過ぎる。平和ぼけもはなはだしいと寅次郎は呆れるのだ。江戸に戻ると、寅次郎は早急に青森湾に軍艦数隻を備えた海防の基地とすべきという案を提示している。

春の足音が聞こえ始めた頃、寅次郎たちの旅は東北をあとに、太平洋沿いを一路南下して行く。盛岡、仙台、米沢、日光、足利を通ってそれぞれの藩の話を聞きながら二人は帰路を急いだ。仙台藩で独自の施政、軍備などについて聞くなど収穫の多い帰り旅であった。仙台に別れを告げて歩き出した二人は道端でばったり江幡に会った。江幡はいよいよ仇討ちの手筈が整ったので、本当の別れとなるのだから二人に一目会いたいと尋ね歩いて追って来たのだという。偶然会ったわけではなかったのだ。

三人は一夜、酒を飲みかわし、語り尽くして別れを惜しんだ。こんな時も寅次郎は酒が飲めない。飲めない寅次郎が一番饒舌で、座を盛り上げるのだった。翌朝、江幡と永遠の別れをするのだが、その後、江幡は田鎖左膳を追って盛岡に行くのだが、肝腎の田鎖が病死してしまい、仇討ちが出来なかった。しかし、藩の

仙台藩
伊達藩とも呼ばれる。陸奥仙台（今の仙台市）に藩庁を置いた。表石高は62万石。藩祖伊達政宗以降、幕末まで伊達氏の領国。

紛争も収まり、江幡は六十石を与えられ、兄の家を再興することになる。

しかも明治になると、江幡は大蔵省や文部省の役人になって平穏な生涯を送ることになる。江幡の境遇を誰よりも心配した寅次郎の方が、はるかに厳しい人生に直面することになるのだ。

そんな先のことはまだ知らない。宮部と寅次郎は東北の旅を終わろうとしていた。この前年の年の暮に江戸を立った二人は春の盛り、桜の花の散りかかる利根川を小舟にゆられて江戸に向かっていた。両岸の菜の花も美しかった。灯り用に菜種油は珍重され、空き地さえあれば菜種が蒔かれ、それが春には黄色い饗宴となる。

館林で掴まえた小舟はこのまま江戸に向かうという。それでも一夜を舟で過ごさなくてはならない。船頭は慣れた感じで舟を岸につけ、二人を茶店に案内した。ここで二人は旅の最後の夕食を共にした。

思えば五ヶ月ほどの旅だった。寒冷地の真冬をあえて撰んだ旅はかなり苛酷だったが二人は何故か満たされていた。二人でする最後の夕食の話題は、どうしてもこれからのことになる。寅次郎の脱藩のことは宮部にも気がかりだった。「どんな人生が待っているやら」と寅次郎は軽く言った。

「自分のために脱藩をした」と気にかけている宮部に寅次郎は逆に気を使っているのだ。二人は江幡のことなど話して、夕食を楽しんだ。夜の小舟に乗り込んで、荷物の間に身を横たえた二人は、夜が明ければ江戸なのだと考えていた。

嘉永五年四月五日の朝、舟は江戸橋の下に到着した。宮部と別れた寅次郎はもはや藩邸には戻れない。桶町の友人の家に転げこんでいた所を藩邸からの使者が来て、出頭する。

十日、寅次郎は『待罪書《たいざいしょ》』を提出する。藩の掟を破ったことに対する罪を決めて欲しいというものだが、結局、処分は決まらずひとまず「帰国せよ」との命令だった。

寅次郎は懐かしい郷里、長州に帰って行く。吉田寅次郎が萩に送り返されると聞いて、寅次郎の友人が大挙してやって来た。宮部はもちろん来原良蔵や井上壮太郎らは心配事があった。故国に護送される途中で寅次郎が切腹するのではないかということだった。

それを云うと「俺は死なない」ときっとした表情で寅次郎は言った。「学が成る前に死ぬことはない」と答えた。

「どこのどんな境遇に置かれようと自分は志を持って学を成す。だから自刃はしない」

寅次郎は大切な友人たちにそんな言葉を残して護送されて行った。

# 黒船来航

時代は怒濤のように流れている。嘉永六年（一八五三）、寅次郎が郷里、萩に護送された翌年の夏のことだ。六月三日、三浦半島浦賀沖に四隻の黒船が突然姿を現わした。日本中が、それこそ上も下もひっくり返るような騒ぎとなった。

その衝撃の日、吉田松陰はどこにいたかと言えば、江戸にいた。あの萩に護送された日から一年余が過ぎていた。寅次郎は自らを松陰と名乗るようになっていた。本書でもここら辺りから松陰と書かせて頂く。

黒船来航はこれまでの日本人の価値観や確固たる封建社会を揺るがすきっかけとなった。その衝撃の日、松陰が江戸にいたということは彼の人生にとっても重要なことだった。

何故そんな好機に恵まれたのかと言えば、一年前に話をもどさなければならない。まだ松陰ではなく寅次郎の時代のことだ。

一年前、脱藩の罪人として萩に護送された寅次郎はそのまま自宅謹慎となった。懐かしい松本村の自宅に帰った。「今日は寅兄様がお帰りになる」と文は朝からそわそわしていた。その寅兄様が松本村に帰って来た。相変わらず自分の身を構わない寅次郎は汗でグショグショになりながら目ばかりぎょろぎょろさせて実家の前に立っていた。

「寅兄様が帰って来た」文の大きな声が響いた。母は太鼓を叩きたい気分だったろう。文の透き通るように明るい声を聞くと、寅次郎は帰宅した実感をいつもかみしめるのだ。「いいなあ。家はいいよなあ」と寅次郎はただ、つぶやく。

思えば、藩主の参勤交代の供をしてふるさとを出た時から一年ばかりが過ぎていた。たった一年なのだから、村の暮らしがそうそう変わる筈もない。実家の佇まいも村の人々も何一つ変わっていない。文の身長がほんの少し伸びたくらいだろうか。

松陰の方ではあまりにも変化があり苦労があったのに、何も変わらずにいてくれる故郷がうれしい。しかし、家には入りにくい。皆に迷惑を掛けていると思えば入りにくい。罪まで負って、脱藩の身となっての帰宅である。父母にはどんな顔で会えば良いのか分からない。

家の前でうろうろしていた時、兄の民治が野良から帰って来た。家に入りかねている弟を見て「馬鹿だなあ。自分の家じゃないか」と笑う。寅次郎はそれでも家に入れない。「母上にお取り次ぎ願いたい」と玄関に立ちつくす寅次郎に文が取りすがり兄の民治は笑っている。「何があってもお前はうちの希望の星なんだよ」とその兄は言う。「井戸端で足でも洗え」と兄に言われてその通りにしたが、ついでに体は汗だらけなので着物を脱いだ。その着物を下におくと、水がかかってびしょびしょになってしまう。裸で難儀している所に母が味噌蔵から出て来た。そして思い切り笑った。「この子はちっとも変わっていない」と思うことは母にとってうれしい事なのだ。笑いながら、次女の寿に寅次郎の衣類の用意を言いつけた。

母はいつもこのように笑っている。どんなに苦しい時もこんな風に笑えるのが母のお滝だった。脱藩の罪を負い、自宅謹慎を言い渡されて帰宅した息子にも母は笑って見せたかったのだ。井戸端の一件は何よりの好機だった。父親も何一つ苦言は呈さなかった。しきりに詫びを言う寅次郎に一言、「済んだことだ」とだけ言って口をつぐんだ。

その日から寅次郎は三畳の仏間に蟄居して謹慎の日々を送り始める。寅次郎には終日、本が読める幸運な日々であった。この家には父、百合之助が時間をかけて集めた書籍が山のようにあったのだ。食べるものに事欠いても本代はケチらない。それが杉家のやり方だった。母のお滝も本好きだった。「本はいいねえ。本を読む人はいいねぇ」と百姓屋には不釣り合いな蔵書をうれしそうに眺めるのだった。

寅次郎は、自宅謹慎の時間を本を読むことに費やした。寅次郎に無駄な時間はないのだ。ところで寅次郎のこの度の行動について様々な反応があったが、寅次郎がもっとも尊敬している山田宇右衛門先生がかんかんに怒っていると聞き、震え上がった。山田先生は「見損なった」と言っているそうだ。寅次郎が脱藩したと聞いて先生は「良くやった」と喜んだそうだ。そのまま脱藩して広い世界に出て行けばよいものを、おめおめと帰って来た。「わしはがっかりした」というのだ。

十四才の時、この山田先生によって、日本の危機を教えられた寅次郎である。今回の先生の意見を有り難く聞くことにした。父、百合之助も又、寅次郎の行動を認めてくれた。「お前の志はどうやら遠大らしい。将来を志のために使え」とまで言ってくれた。この言葉も有り難いものだった。

その寅次郎に正式な処罰、裁断書が出たのはこの年の十二月九日のことだった。五月に萩に戻ってからかなりの時間が過ぎていた。寅次郎の処遇について藩内の意見がまとまらなかったのだと思われる。寅次郎の家の者たちは落ち着かなく待たされた。

当の寅次郎だけが、一刻も惜しむように本を読んでいた。謹慎のために用意された仏間にこもり、終日書物に向かっていた。時折、文がやって来て、「学問を教えて」と邪魔をする。寅次郎は文のために適当な書物をみつけようとするが、十歳の女の子に相応しい本などなかった。

御伽草子などでは物足りない文は、とうとう四書五経にまで手を伸ばしている。当時、寺子屋でも男の子と女の子では教科書も違うのだった。畦道学校で育った文は男も女も無く手当たり次第、読んだ。そんな文を見て、寅次郎はこれからの女子教育の必要性を思った。

寅次郎たちの母は学問好きで子どもたちも皆学問好きとなった。そんな母ももっともっと学びたかったに違いない。日本の女性にも、又、農家の子女にも平等に学問の機会が与えられるべきだと寅次郎は思うのだった。のちに松下村塾という学校を生み出す寅次郎はそんな事を考えるのだった。松下村塾は身分に関係なく学びたい者が集まって来ることになる。

自宅謹慎中の寅次郎にやがて、判決は下った。それは突然の判決であった。十二月八日夜、沙汰が下り、翌日杉家に伝えられた。それは「士籍を削り、五十七石六斗の家禄没収し召し放しに処す」という厳しいものであった。

この時、寅次郎は士籍剥奪を言い渡され、しかも家禄も没収され、父、杉百合之助の「育」(はぐくみ)という立場に置かれる。山鹿流兵学師範・吉田家も断絶させられる。寅次郎は吉田の姓を失い、杉に戻ったことになるのだが、寅次郎は生涯吉田姓を名乗り続けた。

寅次郎は吉田松陰となってこの後の生涯を生き抜くことになる。子どもの時、右も左も分からない時、叔父の吉田家を継いだ寅次郎が二十二才で自分の意志で兵学者吉田松陰となって今、新しい歩を進めようとしていた。

そんな矢先だった。藩主毛利敬親が杉百合之助を呼び、「寅次郎に十ヶ年間の諸国遊学の許可を願い出るように」と命じたのだ。これは藩主の命令である。父は逆らうことなど出来ない。それにしてもつい先頃、厳罰を言い渡した藩主が同じ口で諸国遊学の話を持ちかけるとはどういう風の吹き回しなのか。理解に苦しみながら父は言われた通り、願書を提出したのは翌嘉永六年一月十三日のことだ。

すると三日後の一月十六日に許可が下りた。何という早さだろう。藩主は松陰の講義を聞いた時からこの男の俊才振りを認めていた。その松陰を広い世界に解き放ち、存分に見聞を広めて貰いたいと考えた。その事は必ず藩の将来にとって意義があるのだと藩主は期待した。

藩主毛利敬親は自身は特別秀才というわけではないが、部下の才能ある者をみつけ出すことには長けていた。何事も家臣の意見を入れ、「そうせい、そうせい」と命じた。吉田松陰はそんな藩主にとって逸材であり、大事な手駒であったのだ。松陰からすれば自宅謹慎の身から諸国遊学の自由を思いがけず貰って、意気揚々と旅立つのだった。

許可が下りてから十日目、一月二十六日、ふたたび家族に別れを告げて松陰は旅立って行く。

一家には次女、寿の結婚という慶事も控えていたが、その手伝いも出来なかった。寿の相手は長州の藩士小田村伊之助（後の楫取素彦）という若者だ。松陰が藩主の参勤交代の江戸行きに同行した時、遊学生の仲間であった人物だ。

小田村の性格は松陰が良く分かっていて、寿との縁結びにも松陰は一役買っていた。小田村に後事を託して松陰は旅を急いだ。

杉家では長女、千代がすでに児玉家の息子、初之進に嫁いでいた。千代の相手は杉家の親戚筋に当たり、五十三石の家禄があった。松本村の児玉家には大きな楠の木があって遠くからも見えた。寅次郎も実家に帰る時、出て行く時、この楠の木をあおぐのだった。その児玉の家に妹の千代が嫁いだと聞き、千代の幸せを思った。千代は自分の育った環境の中で穏やかな人生を送ることだろうと兄は安堵するのだった。そして次は寿が小田村伊之助に嫁ぐ。残るは文一人となった。「文には兄ちゃまが良い婿さんみっけてやるからな」と寅次郎が言えば「文は婿さん、いらん。寅兄ちゃまが一番好き」という。可愛いことを言ってくれるではないか。

そんな可愛い文を残して寅次郎は今度は藩主命令で諸国遊学の旅にでて行く。「寅兄様、又行ってしまいになるの」文が又泣いた。「いつも文は泣いてくれるね。土産も買って来ない兄ちゃまなのに」松陰はただただ自分を慕ってくれる妹が愛しいのだった。そんな文と楠の木を残して松本村を去って行く。吉田松陰は浪人という自由の身となって広い世界にふたたび出て行く。

今回は上方を見たいと考えて松陰は三田尻から船に乗った。河内国（大阪）で上陸、大和国（奈良）まで行く。大和五条で森田節斎《もりたせっさい》に会う。以前から会いたいと思っていた森田節斎の名は江幡から聞いた。「大和に行ったら森田先生にあうように」と江幡は言った。松陰は江幡が好きだったからその言葉に従い、山越えをして森田に会いに行った。松陰の会った森田は実に面白い人物だった。そして森田の元で数日を過ごす。

その後、伊勢を回って江戸に出た。その頃には春の盛りとなっていた。「今度江戸に出たら象山先生の門に入ろう」と決めていたのだが、松陰はその前になすべき事があった。鎌倉にいる母親の弟を訪ねた。その叔父は瑞泉寺《ずいせんじ》第二十五世住職を勤めた人物である。母のお滝はこの弟を常に誇りとしていた。

竹院と呼ばれるこの住職を松陰も尊敬していた。「上人《しょうにん》」と松陰はこの人を呼んだ。母親はこの叔父のためにきび団子を作って松陰に持たせていた。松陰は旅の間もきび団子を持ち続けていた。書物を持ち、きび団子を背負っていくつもの山を越えて来た。きび団子は松陰の汗の匂いのしみついたものとなっていたが、住職は心から喜んでくれた。

五月の鎌倉はひどく美しい。松陰は叔父、竹院と話しているうち、「この後は、国禁を破っても外国に渡るしかない」という結論に達していた。

叔父も又、この甥の行くべき道を見抜いたように思った。それを反対するどころか密かに支援するような事を言った。このように、松陰は素直に胸のうちを語

森田節斎（1811年〜1868年）
幕末の漢詩人。大和国五条生まれ。京都で頼山陽、猪飼敬所に師事。のち江戸に出て昌平黌で学ぶ。頼三樹三郎、宮部鼎蔵ら、多くの志士たちと交わり、幕末の尊皇攘夷論者の総帥として地歩を固めていった。

れる人が血族にいてくれる事を有り難いと思う。

竹院の方でもこの秀才の甥が来たことを喜んでいた。「ゆっくりして行きなさい」と叔父は言う。鎌倉の歴史や風物は松陰の関心事であった。竹院の弟子が松陰の案内役をしてくれた。結局、五月一杯を鎌倉で遊んだ。

六月一日、松陰は一日かけて、夕方、江戸に着いた。六月三日、松陰はやっと象山を訪ねている。一門の人々と再会を果たす。この日、ペリー率いる黒船が浦賀に現れるのだが、まだ松陰はそれを知らない。翌日、長州藩邸を訪れて、初めてそれを知る。あわてて象山の塾に飛んで行くが誰もいない。皆、浦賀に行ってしまった後だった。

松陰はいてもたってもいられない。とにかく鉄砲洲から船に乗ろうとするが夕凪で風がなく船は出せない。焦る気持ちをおさえつつ、漁師の家に一泊する。落ち着かない夜の中で松陰は故郷の父に手紙を書いている。

「浦賀に異船があらわれたので、わたしはこれから夜舟で現地に行きます。海陸ともに道止めになっているそうです。心はまさに飛ぶがごとし、飛ぶがごとしです」と書く手紙はまるで遺書のようであった。国難を目前にして、じっとしてはいられない。異船に向かって体当たりをして自分は死ぬのだと、松陰はとっくに

瑞泉寺
鎌倉市二階堂にある臨済宗円覚寺派の寺院。山号は錦屏山。鎌倉随一の花の寺として知られる。鎌倉時代には五山文学の拠点として栄えた。

覚悟は決めていた。

夜舟は出して貰えず、翌朝、鉄砲洲から船で品川に出る。ここからは陸路を浦賀に向かうのだった。松陰はむやみやたらに興奮していた。松陰が浦賀に到着したのは六月五日の午後十時を過ぎていた。途中、各藩の出す船の灯りが見えていた。日本人たちは思いの外、落ち着いていて、騒ぎ立てる者はなかった。

松陰が実際に黒船を見たのは翌日、六月六日の早朝のことだった。そして友人の道家龍助への手紙でこう書いている。

「今朝、高台に上り、賊船の様子を探りました。四隻のうち二隻は蒸気船で砲は二十門余り、船身七十メートルほど。二隻は旧式の帆船で砲は二十六門、船身は四十五メートルほど。陸から離れること千メートルほどの所に停泊しており、各船の間隔は五百メートルほどである。しかしこちらの砲台は砲門の数も少なく烈しく憤るだけ。しかも聞くところでは賊船の申すには明後日の正午までに願いに許しがなければ砲撃を始めるとのことに相違あるまい。」

ほとんど正確に黒船の実体を伝え、それに対して何一つ手の打てない当方の悲惨さも伝えている。この時、朝夕に空砲を鳴らして日本人を震え上がらせていたが、ペリー提督の目標は将軍に米国の大統領の親書を手渡し、日本との国交を始めたいというものだった。ついに幕府は久里浜で米国大統領の親書を受け取った。それは日本に対する開港の要求だった。

ペリーはこの返事を貰いに来年、ふたたび来ると言い残して去って行った。松陰は失望する。この屈辱的な交渉の仕方に幕府は怒り、一戦交えるものと信じていたのだ。

黒船は帰ったが、日本は幕府を始め、上から下まで大騒ぎとなった。浦賀から長州藩邸にもどった松陰は、ここで長州藩がこの度の黒船来航に関する上申書を募集している事を知った。松陰には上申したい事が山ほどあった。一気に『将及私言』と言う意見書を書き上げたのだが、松陰は浪人中で提出出来ない。仕方なく、松陰は匿名で提出した。それはこんな意見だった。

「この頃、憎むべき俗論がある。江戸は幕府の膝元だから旗本や譜代諸藩の手で守ればよく、他の列藩はそれぞれの本国を固めたらよいという説である。これは実に天下の大義をわきまえない考え方である。日本国内のいずれの地でも、外国の侮りを受けた時は、幕府はもとより諸侯の総力を挙げて天下の恥辱をすすぐべきである」というものだった。松陰のこの時の心境がよく分かる。

合わせて、松陰は長州藩内の改革を提言している。黒船事件とあまり関係ない

マシュー・ペリー（1794〜1858）
アメリカの海軍軍人。江戸末期、艦隊を率いて鎖国中の日本に来航、開国への道を開いた。アメリカでは蒸気船海軍の父と称えられ、海軍教育の先駆者とされている。

ように思える藩内革命だが、この際、何もかもが変わらなくてはならないのだと松陰は思う。

「側近政治を改めること。人材を身分に関係なく広く登用すること。海防については外国に対抗する兵力を充実させねばならないこと。幕府が大船建造を許可したのだから、軍艦の建造に一日も早く着手すべきこと。オランダから性能のよい軍艦を購入すべきこと。外国の兵制や兵器に学び、互角に戦える実力を手に入れなくてはならない」

など松陰の提言は具体的で重要なことばかりだったが、果たして藩主のところにまで届いたかどうかは分からないと松陰は考えていた。が、この提言書は認められ、奇跡的に藩主の手元に届いたのだった。その書き手があの寅次郎であることは誰も知らない。あくまでも匿名者の意見として届けられたのだ。松陰にはそれで充分だった。

松陰ばかりでなく、尊皇攘夷派の志士たちはこぞって条約破棄を叫んだが、どうにもならない。松陰は条約が結ばれた以上、どうにもならない事を知っていた。だから自分の方針も変更しようとしている。「こうなったら、自分が海外に出て、欧米の先進文明の実態を見て来なければならない」と考えるようになった。

ペリーの黒船が突然現われて江戸の人を脅かした翌月、ロシアのプチャーチンが長崎に来たという報が伝えられる。プチャーチンも又、国書を携えて来て、日本の開国を迫ったのだ。これを聞いて、松陰は「今だ」と思う。そのロシアの船に潜り込もう。とにかくどんな手を使っても広い世界を見て来なくてはならない。

松陰が密航を計画した時、師の象山は漂流策を提案した。ジョン万次郎が漂流の末、アメリカ船に拾われ、アメリカで学んで帰って来た。本来であれば国外に出た者は死罪であるはずなのに、英語が話せて海外事情にも明るい万次郎は珍重され、江戸に呼び寄せられて翻訳、軍艦操練所の教授に抜擢されている。日本は鎖国体制を維持しながらも、すでに海外の知識に無縁ではいられなくなっていたのだ。

象山は松陰の密航を積極的に支持した。というより松陰こそ海外留学をして来るべきだと確信していた。この時、象山は松陰にこう言っている。「この任は深く忠義の志を蓄え、国の恩義を知るものでなければ必ず大きな害を生じてしまう。お前はまことにその任に当たっている」。何よりも大事なのは国を愛する心が大事なのだと象山は言った。西洋かぶれになって貰っては困るのだ。

「勇気ある若者よ、至難の業だが試みる価値はある」と言って象山は松陰に旅費

プチャーチン（1803〜1883）
ロシア帝国の海軍軍人。政治家。1853 年、日本に来航し、日露和親条約を締結するなど、ロシアの極東外交で活躍。

を与え、壮行の詩を贈った。

松陰は象山の言葉に背中を押されて長崎に向かう。ここで停泊している筈のロシア船を目指した。江戸を立ったのが九月十八日のことだ。途中、熊本では宮部鼎蔵に会って旧交を温めたり、横井小楠《よこいしょうなん》に会ったりするのだが、長州に立ち寄ることはなかった。家族のことを思わないではないが、松陰は焦る。時間がないのだと先を急いだ。こうして、十月二十七日にようやく長崎に着いた。ところが長崎の港にロシア船はいなかった。三日前に急用が出来て、出航してしまっていた。残念でならない。しかし、どうすることも出来ない。長崎の海に向かって松陰は叫んだ。「齟齬《そご》した」そう叫んでおいて、松陰は次の行動に出た。

年明けにペリーがふたたび来航するとのことだから、今度こそ黒船に潜り込もうと心を決めて松陰は江戸に向かった。帰路、松陰は長州、萩に立ち寄っている。杉家はこの時、新道に居を移し、新しい家を造っていた。そこに松陰が顔を出した。外国船に潜り込んで密航しようと覚悟を決めているのだ。うまく行っても、行かなくても家族と会うことは出来ないだろう。この時の帰省は別れを告げる意味もあった。

「寅兄様が帰って来たよ」文が大声を上げている。「寅兄様はお客さまと一緒だよ」

ジョン万次郎（1827〜1898）
土佐中浜村生れの漁師。1841年、嵐のため遭難。無人島に漂流したのちアメリカ船に救助される。アメリカ本土に渡って熱心に勉強し学校でも首席となる。帰国後は土佐藩で士分に取り立てられ、藩校の教授となり、後藤象二郎、岩崎弥太郎などを教えた。

文の報告はていねいだ。松陰は熊本藩士の宮部鼎蔵と野口直之允を伴っていた。

二人は萩、熊本両藩盟約の可能性を探る役目を担っていた。

「文ちゃんよ。寅兄ちゃまは藩のため、頑張ってるんだよ。待っててておくれ」松陰は文にそう言って、東を目指す。文だって思いは同じだ。「寅兄様、文はいつも兄様の応援団長ですからね。家になかなか戻れなくてもお土産忘れてもいいの。文は兄様が大好きなの」そう文は言う。女性というものに対して潔癖過ぎる松陰はこの年になっても女を知らず、結婚もしない。そんな松陰が唯一人愛しいと思うのがこの妹の文だった。

松陰が家族に別れを告げ江戸にもどった頃、もうその年も師走に入っていた。松陰が江戸に戻ってわずか二十日後、ペリー艦隊はふたたび江戸湾に来航したのだ。

嘉永七年一月十八日のことだ。去年「来年、もう一度来る」と言って帰って行ったペリー艦隊は、年明け早々にふたたび江戸湾に姿を現した。幕府は「来年再来する」と言われて、ついつい一年間の猶予があると思ってしまったのだが、わずか六ヶ月で、艦隊はやって来てしまった。第一、早すぎる。第一、アメリカは遠い筈なのに何という手早さだろう。何故こんなに早く往復出来たのか。しかも四隻だった黒船が七隻になっていた。実はペリーたちは何と琉球で時を過ごしていたのだ。そして本国からの三隻の軍艦が来るのを待っていたのだった。

この二回目の黒船の登場は最初の来航の時以上の衝撃を日本人に与えたのだった。もう幕府は持ちこたえられなかった。ペリーの要求する日米和親条約に調印してしまう。松陰たちは地団駄《じだんだ》踏んでくやしがった。あまりにも屈辱的なやり方ではないか。

幕府の代表は横浜でアメリカの代表と対面し、函館開港の許可状を与えてしまったのだ。

「こうなったら、自分が世界に出て行くしかない」この時、松陰は密航を決意した。それは国罪であり、失敗すれば死罪となる。それでも自分はそれをしなければならない。強い決意を松陰はした。

# 止むに止まれぬ

二度目に来航した黒船に近づき、密航を企てようとする松陰の夢は、日に日に現実のものとなって行った。その頃、松陰は一人の若者に出会う。長州出身の金子重之輔といった。若者と言ったが、二十五才の松陰より一歳年下に過ぎない。松陰はすでに老成していた。

その松陰を心から敬い、慕うこの貧しい書生は萩の染め物屋の息子だった。金子は他家の養子になって足軽奉公に出た。武士の身分を手にいれるのだった。ところが酒の上で失敗をしてしまう。女性問題だった。人生をやり直そうとして金子は江戸に出てきた。長州藩邸に住み込み、小者となった。下男である。そして仕事の合間に蒼龍軒に出入りするようになった。松陰のことはここで聞いた。

ここで金子は松陰の偉大さを聞かされた。この時、金子に松陰の話をしたのは肥後熊本の永島三平だった。「そんな人がこの世にいるのか。しかも長州の人だと言う」金子は松陰に会いたいと強く思っていたが、あいにく松陰は旅行中だった。金子は待っていた。初めて金子を見た松陰は一目でこの男に惚れこんだ。金子の実直そうなところが気に入った。話を聞くとなお一層、金子が気に入った。自分に似ていると松陰は思った。周囲の人々も二人は似ていると言った。

金子についていて松陰はこう言っている。「学問はない。行動を好む」松陰がロシア船を追って長崎に行ったと聞いて、金子も長崎を目指す。しかし、それはうまく行かなかった。松陰に追い付くことが出来なかったのだ。それで江戸に出て来たのだという。

そんな金子重之輔が松陰の最初の門人となる。金子は「学問がしたくて江戸に出てきたのだ」と言う。そういう所も気に入った。それで心を許して自分の計画を話した。

この時、金子は鳥山確斉の私塾の居候だった。二人は夜を徹して語り合った。この時、松陰は金子にこう言っている。「地を離れて人なく、人を離れて事なし。故に人事を論ぜんと欲せば、まず地理を見よ」世界を見なければ駄目だというのだ。その話は金子を動かした。「先生のお供がしたい」と言い出した。松陰の答えも早かった。「よし、行こう。一緒に行こう」

　出会ったばかりの若者をいきなり、弟子にしてしまい、生涯の大事を打ち明けている。金子のことは松陰のアメリカ行きの計画になかったことである。一方、松陰の企ては密かに取りざたされて、心配を呼んでいた。

　その頃、兄の民治が江戸に出て来ていた。兄は藩邸の公務のための江戸出府だった。江戸で兄弟は久しぶりに対面した。が、松陰は本心を兄にさらけ出すことはしなかった。「これからどうするのだ」と兄に聞かれて、松陰は鎌倉の伯父のところに行って勉強したいなどと言って、兄を安心させている。命を投げ出して密航したいのだ、などとはとても兄には言えなかった。兄の不安は拭えず、この時、兄は弟に「誓書」を書かせている。「向こう九年、政治的活動は一切しない」と書かせ、血判まで押させている。それが兄としての精一杯のことだった。

　共に松本村の畦で学び、働き、夜明けの山を松明片手に歩いた二人なのだ。その兄にさえ松陰は真実を告げなかった。

　松陰はどんなに時間をかけても理解されない場合もあるが、会ったとたんに意気投合することもある。人との関わりとはそんなものだろうと思うのだった。

　金子は松陰とともに国禁を犯す覚悟が出来た時、まず長州藩を脱藩した。名前も渋木松太郎と変えてその日を待った。一方、松陰も三月五日、友人に集まって貰い、自分の密航の計画を話し、聞いて貰うことにした。友人は驚き、とても賛成しかねると言う者もいた。しかし松陰の性格を知り抜いている宮部は何も言わず、黙って自分の差していた刀を松陰に贈った。「いま、日本にとって最大の急務は世界はどういう状況になっているのか知ることでしょう」来原良蔵は言う。「吉田寅次郎君のこの挙に賛成しよう」と友人たちに呼びかけた。それぞれ手持ちの金品を差し出して、餞《はなむけ》とした。

夕方、松陰は旅支度を整えてから佐久間象山の元に行った。別れの挨拶のつもりだった。しかし、肝腎の象山先生は横浜に出掛けた後で会えなかった。松陰は一書を残して行くしかなかった。金子とは赤羽橋で待ち合わせていた。そのまま二人は保土ヶ谷に向かい八里半の道を歩いた。保土ヶ谷の宿に着いた頃、夜が明けようとしていた。

明るくなると横浜村の沖合にペリーの軍艦は停泊していた、あの船に乗り込むのだと目標が明らかになった。しかしいかにしてその軍艦に近づけば良いのか。その手だてがみつからない。

横浜村の松代藩の陣屋に来ていた象山に相談すると「漁船と漁師をつかまえろ」

と智恵を出してくれた。象山は密航ではなく、とにかく異国の船が見たいという猛烈な好奇心で横浜村まで来ていたのだ。

密航を企てる松陰とその師の象山は漁師をみつけるが、誰も行くとは言わない。いくら金をつまれても後難が恐ろしい。それで承諾をしないのだ。

松陰はペリーの軍艦に持参する『投夷書《とういしょ》』を書いた。「国禁を犯して五大州を周遊して遊学したい」と言う旨を書いた。欄外に松陰は書いた。「横浜村の南で暗闇で火を燃やして合図をするから、迎えに来て欲しい」と付け加えた。しかし、この手紙を異人に手渡すことが出来ない。迎えの船が来る筈もなく、松陰と金子は横浜村の波打ち際を当てもなく彷徨い歩いた。保土ケ谷から神奈川宿まで歩くこともあった。

三月十三日、沖の軍艦が動き出した。下田に向かうのだと言う。その癖、ペリーの艦隊は南には向かわず、江戸の方角に戻って行く。

ペリーはこの時、当初の目的である日米和親条約（神奈川条約）は締結され、このまま帰国しても良いのだが、心残りは江戸の街を見て行きたいというものだった。それで艦隊を方向転換させて、江戸に向かって走らせた。幕府は驚いた。「それだけは止めてくれ」と通訳を通して懇願してきた。結局、ペリーは芝の増上寺などかすかに江戸を見て、帰って行った。

こうして艦隊は下田に向かって行く。それで松陰たちも歩き始めた。保土ヶ谷を発ったのは三月十四日だった。雨が降り出した。艦隊を追って羽田まで行って松陰たちは陸路、下田を目指した。

鎌倉の伯父を訪ねて一泊する。一夜、この伯父と語り合い、密航の決意を理解して貰う。鎌倉から藤沢に出て酒匂川《さかわがわ》も歩いて渡る。びしょぬれになりながら、この大河を徒歩で渡ったのだ。小田原から伊豆に向かう途中、根府川《ねぶがわ》村に関所があって、松陰らは訝しがられた。松陰は「熱海に湯治に行きます」堂々とそう言うと通過が出来た。二人は実際に熱海に立ち寄り、入湯した。熱海はまだ有名ではなかったが、松陰は「雲仙に負けぬ湯料だ」と気に入っている。こうして松陰は下田についた。下田に着いて最初に確認したことは、ペリーの艦隊がいるかどうかであった。下田港内には二隻の黒船が停泊していた。松陰たちが下田についた朝、二隻はやって来たそうだ。「間に合った」二人は安堵した。

下田の町では「主従二人で下田見物に来た」と言うふれこみで岡村旅館に投宿したが、宿ではこの二人を訝しんだ。

松陰はこの頃、疥癬《かいせん》という皮膚病にかかって難儀していた。特に外国人と接触する際、皮膚病はまずいだろうと考えて、蓮台寺温泉に治療を兼ねて投宿することにした。その間、金子が黒船の情報を届けた。ある日、金子が「異人が町を歩いています」と伝えて来た。

好機到来と二人は羽織を着て町に出た。

三月二十七日、柿崎海岸で異人に会い、手紙を手渡すことが出来た。横浜で書いた「投夷書」を手直しして、明日の夜、人が寝静まる頃、ボートで柿崎海岸に自分たちを迎えに来て欲しいと記した。松陰はこれらの手紙を漢文で書いた。黒船の中に中国人の通訳がいることを松陰は知っていたのだ。

しかし、ボートの迎えなど来るとは思ってはいない。あれこれ画策してアメリカ船に近づこうとした。漁師は誰一人船を出すとは言わない。ついに二人は稲生沢川に停めてあった漁船を盗んで沖に漕ぎ出したが、これは失敗する。その日、風浪が高く、漕いでも漕いでも、アメリカ船ははるかかなたである。しかも盗んだ船には櫓杭《ろぐい》がない。ふんどしで結びつけても固定出来ない。松陰は木綿帯を取って縛り付けた。

二人は柿崎海岸の弁天洞で夜を過ごし、夜更けの午前二時、あらためて船を出した。夜の下田沖を松陰の船はよたよたと進む。ようやく、ミシシッピ艦にたど

下田
今の静岡県下田市。伊豆半島南部の町。江戸時代には海運の風待ち港として栄え、「伊豆の下田に長居はおよし、縞の財布が空になる」（下田節）と唄われた。

りついた。この艦には日本語も中国語も分かる人は乗っていない。「ポーハタン号に行け」の一点張りでる。

仕方なく、又沖に向かって漕ぎ出した。ポーハタンには日本語が分かるウイリアムズがいた。筆談を交えて何とか会話は成り立った。ウイリアムズは松陰の「投夷書」も手にしていた。松陰らの考え方には、一応理解を示したが、「アメリカに連れて行って欲しい」いう希望に対しては俄然、「ノー」という。

この時、ウイリアムズは筆談と手振りで松陰にこう言った。「我々も日本人を一人アメリカに連れ帰り、教育してみたいと考えていた。しかし、君の国の法律では国外に出ることは厳罰に処せられる。日米和親条約も結ばれたのだから、少し待てば自由に往き来が出来るようになる。だからそれまで待つように」。そしてこうも言った。「条約を結んだ相手の国の法律を破って、君たちを連れて行くことはできないのだ」と。

結局、二人はボートで柿崎海岸に送り返された。ウイリアムズはこれが二人の大罪になるとは思いもよらないのだった。松陰らは小舟に乗り込む時に重要なものを持ち込んでいたのだ。小舟を見つけ出さなければならない。二人は必死になって探した。ボートで送って来た水兵に小舟を探して欲しいと頼んだ。ウイリアムズも「探してやれ」と言ってくれていたのだ。

しかし、水兵は手伝ってくれず帰ってしまった。二人は夜を徹して小舟捜しに邁進したが、ついにみつからない。あれが役人の手に渡れば二人の企ては分かってしまう。「投夷書」の草稿や象山先生に頂いた送別の詩などが発見されれば、万事休すである。象山先生に迷惑はかけられない。

「自首をしよう」松陰の決断は早い。

二人は即刻、柿崎村の名主、平右衛門の元に行き、自首をした。二人の話を聞いた名主は二人に逃走を暗に勧めた。「ここを立ち去れ。わざわざ捕まることはない」と名主は言いたかったのだ。自身も面倒なことに関わりたくなかったのだろう。

しかし、二人の決意は固かった。下田番所に連行された二人は宝福寺で取り調べを受けた後、長命寺の観音堂に預けられた。本格的な取り調べが始まると獄舎に入れられ、縄を打たれた。下田の奉行所から役人が来たのだ。

獄舎では畳一畳の狭さに二人は押し込められた。みせしめのために二人の入れられた檻は道端から見られるようになっていた。そんな二人を米軍の士官が見つけた。ペリーは二人の話を聞いて心配していたのだった。「寛大な処置をして欲しい」と奉行所に通達したりしている。

　檻の中の松陰は、近づいて来た米国の士官に板きれに漢詩を書いて贈った。それは哲学的な諦観を表現したもので、艦内の兵士たちを感動させたのだった。

　そして松陰は、ここにいて早くも周囲の人々に働きかけをしている。番卒に向かって「皇国の皇国たるゆえん、人倫の人倫たるゆえん、夷狄《いてき》のにくむべきゆえん」などを彼らに説いた。番卒は涙をこぼしてこれを聞いたそうだ。おそらく、松陰の話は内容よりも話し方に心惹かれるものがあったのだろう。

　四月八日、江戸から二人の引き取り手がやって来た。八丁堀同心二人と岡っ引き五名という大仰な出迎えだった。松陰らは足には足かせを打たれ、体には綱をかけられ、手には手錠をはめられ、唐丸駕籠《とうまるかご》に乗せられた。それは最大級の罪人としての扱いだった。

　十一日、朝早く、厳重な警備で一行は下田を出発した。江戸まで四泊五日の旅となった。道中、寝ずの番をする番人がいた。その人たちに向かって、松陰は語りかけた。それは番人の心を動かし、ここでも涙を流させている。唐丸駕籠の中から松陰は人はどう生きればよいのかと説き、国難はどう乗り切ればよいのかを説いた。番人たちはそんな話を聞いたことがない。

江戸では死が待っているだろう。この世のことは何もかも突き抜けた。透き通るような気持ちで松陰は番人たちに道を説いた。罪人駕籠の中の松陰が道を説く時、松陰自身は「生まれてこの方、これ以上の感激を味わったことがない」とその心境を記している。聞く者の心に自分の言葉が通じたことが愉快であったのだろう。

天城峠を越えて、江戸への旅は続いた。道行く人の目には哀れな罪人が引かれて行くのだとしか見えなかっただろう。が、松陰の心に触れた番人たちはもう粗略には扱えなかった。三度の食事の他にも茶菓などが勧められるようになった。しかし、松陰らは決してそれらには手を出さなかった。「何故か」と問われると松陰は「厚味美食を一切断ったという赤穂浪士の先例に倣っているだけだ」と答えたそうだ。

赤穂浪士の事件は松陰の心に強く残っていたもので、唐丸駕籠が泉岳寺の近くを通る時、松陰は「かくすれば　かくなるものと知りながら　止むに止まれぬ大和魂」と詠んでいる。

赤穂浪士の討ち入りに、自身の密航計画を重ね合わせていたことが分かる。

後の人から見れば、そんな事をしなくてもよかったのではないか。愚かな振る舞いだと笑う人が多いだろう。しかし、この世にはどうしてもしなければならない行為というものがあるのだと松陰は言いたかったのだろう。

# 野山獄へ

下田を発って五日目、松陰ら二名の罪人は江戸に着いた。四月十五日、北町奉行所の仮牢に収容された二人にはその日のうちに吟味が行われた。取り調べを行う際、武士の身分を持つ松陰には座るための板切れが与えられたが、中間身分の金子は縁の下の白州にいきなり座らされた。松陰はそんな所も見逃さない。

入牢についても松陰は伝馬町牢の揚屋入りとなったが、金子は始め無宿牢に入れられ、その後、百姓牢に繋がれた。罪人にまで身分の差別があることを、松陰は初めて知るのだった。その上、伝馬町牢にもどる際も松陰は駕籠で金子は徒歩で移動させられた。その事を松陰は後で知った。伝馬町の牢に入ると、そこはこれまで見たこともない別世界であった。

牢名主は畳を積んだ高みにいて、まず入牢して来た新参者の松陰にわいろの金品を要求した。松陰は役人に全て差し出した後だったから、何もない。その事を言うと牢名主は怒って外に手紙を出して金品を取り寄せて、自分に貢ぐ必要があると言った。

次第に分かったことだが、牢名主とは獄中生活の長い者から選ばれる。つまり古だぬきという訳だが、絶対的な権力を持っていて、入牢者の命さえも握っている。気に入らなければ入牢者を殺すことも出来る。そんな牢名主の前に出ても、松陰は少しも動じない。

これには牢名主の方があわてた。「何故そんなに平然としていられるのか」牢名主は不思議でならない。そんな牢名主に向かって、松陰は堂々と言った。自分達は、下田からアメリカ船に向かって小舟をこぎ密航をしようと志した。それに失敗したのだと松陰は言った。

「国禁を犯すのだから最初から命は捨てている。命は惜しまない。渡海を決意した時から覚悟は出来ている。どこで死んでも後悔はない」

松陰は恐ろしいほど静かな声で言った。それは獄内に染み渡り、誰一人声も出さない。

獄内にいた囚人たちは松陰の話に心打たれていた。「今、日本の国が危ないのだ」と松陰が言えば囚人たちはふるえあがった。「夷狄の国を見て来なければならない。五大州を探索して日本を進歩させなければならない。それには誰かが海を渡らなければならないのだ」という松陰の話は全て初めて聞くことばかりだった。牢名主も神妙にしている。

松陰は西南の方向に背を向けて偉そうに座っている牢名主に向かって、もう一つ無礼なことを言った。「西南に当たる京には天皇が住んでおられる。神州に生を受ける者として天皇に背をむけて座る者は人ではない。禽獣《きんじゅう》である」と言った。さすがに獄内には緊張が走った。今までにこれほど失礼なことを牢名主に言った者はいない。牢名主の機嫌に一喜一憂している囚人たちはあわてたのだ。しかし、当の牢名主はいつもと違っていた。

「小僧」と松陰に呼びかけた。「明日もやれ」と牢名主は言う。松陰に話をしてくれと言うのだ。「道を聞いてくれる者があれば、私は相手が牛馬であっても道を説きます」と松陰はよけいな事を言った。しかし、松陰に牛馬と言われたのに牢名主は少しも腹が立たなかった。

「全く変わった小僧だ」そうつぶやいただけだった。

ちょうどその頃、同じ伝馬町の牢で吟味を受けていたのが松陰の師の佐久間象山である。象山は松陰らの煽動者として捕らえられていた。松陰らが見失った小舟の中から出て来た象山の書が原因になったのだ。しかも象山は「自分は国禁など犯していない」と言いつのるので奉行の心証を害して伝馬町の獄に止め置かれた。松陰は全くそのことを知らない。一時期この師弟はすぐ近くの獄にいたのだが、それも知らない。

松陰は伝馬町に入獄して五ヶ月で判決が下った。「重い国禁を犯したこと不届きにつき、父、百合之助に引き渡し、蟄居」と言い渡された。一方、金子は「太膳大夫の家来に引き渡し在所蟄居」となった。

思いがけず二人は郷里に帰れることになった。国禁を犯した罪に対しては寛大な処置と思われるが、すでに日米和親条約もあり、時代は微妙に変わって来ていたのだ。死刑も覚悟していた松陰には、肩すかしを食ったような按配だった。佐久間象山は信州松代藩に引き渡され在所蟄居となった。

判決が出ると松陰と金子は萩藩の下屋敷麻布藩邸に身柄を移された。

松陰の気がかりは金子の病状だった。牢内で病に倒れた金子は、歩くことも出来ないほど弱っていた。戸板に乗せられて麻布藩邸にやって来た金子を見た時、松陰は声も出なかった。劣悪な牢生活で金子は衰弱しきっているのに医者に診せることもしていない。

　金子の身分が足軽のため、看護すらして貰えない。松陰はそのことに抗議して絶食までしたが、着替えさえして貰えなかった。松陰は金子が不憫でならないのだ。自分に同調さえしなければ、こんなところで病いになることもなかったのだと思えば、何としても治してやりたい。と思うのだがなかなか治療は進まない。

　九月二十三日、二人は萩に帰された。下屋敷の死体が運び出される黒門から二人は唐丸駕籠に乗せられて出た。こうして二人は故郷に帰って行く。気がかりは金子の体調だった。道中も金子は病状を悪化させて下痢に苦しみながら駕籠に揺られていた。

　松陰は何度も金子の境遇改善を申し述べたが、身分制度の壁に阻まれ、意見は通らなかった。ついに松陰は自分の着ていた綿入れをぬいで、金子に与えてくれと駕籠の外に投げた。自分は肌着一枚になってしまった。金子はその事を知ると「先生を凍えさせるわけには行かない」と断固拒否した。困った役人たちは官給の綿入れを金子に着せることにした。

　そうこうする間も金子は体中に広がった皮膚病に悩み、呼吸器も病んでいた。

　十月二十四日、一行は日程を大幅に遅らせて萩城下に到着した。五日も遅れたのは金子の病状悪化などが原因と思われる。

江戸での判決はそれぞれ親元在所で蟄居というものだったが、何故か二人は野山獄、岩倉獄に繋がれた。

松本村の松陰の実家では「とにもかくにも寅が萩に帰って来た。一安心だ」と胸をなで下ろすのだった。面会が許されると父母を先頭に兄、民治や妹たちがぞろぞろやって来た。妹の文が娘らしくなっていることがうれしかった。器量も幾分良くなったようだ。

「兄さま、お久しゅうございます」などと文は言う。「寅兄ちゃま、寅兄ちゃま」と畦道を走って来た頃のことを松陰は思い出していた。「この子に良い婿をみつけてやらなくては」とこの時、心から思うのだった。

こうして松陰は野山獄の人となった。金子が入れられた岩倉獄と道一つ隔てた向かい側であったが、野山獄は士分のためのもの、片や岩倉獄は百姓牢だった。どこまでもわずかな身分が二人を隔たせた。

松陰の父、百合之助はこの処置を不服と思い、「判決通り自宅蟄居にして貰いたい」と願い出たが、認められない。実は藩は幕府への遠慮から二人を獄につなぐ決定をしていたのだ。

岩倉獄の金子はここでも差別を受け、充分な手当もして貰えず、病状を悪化させ、肺炎を併発させてついに死去した。何とか金子を助けたいと松陰は松本村の実家に手紙を書いた。「金子を見舞ってやって下さい」と何回も頼んでいる。そんな松陰の願いも空しく金子は生命を終えてしまった。松陰の嘆きは大きく、それなのに金子にしてやれることがない。松陰は自分の食費をつめて、金子の墓を建ててやることにした。「金子重之助を悼む」という文を書いてこの可哀想な弟子の生涯を嘆くのだった。

その後、野山獄での松陰の日々は徹底した読書三昧だった。たった三畳の独房は本で埋まり足の踏み場もない。

しかし、野山獄での松陰の日々は悪いものではなかった。そこが郷里であることの安心もあった。どこであれ、本が読めれば充分である。おまけに、この獄で松陰は師と仰げる人物を沢山みつけていた。富永弥兵衛という男がいた。明倫館の秀才と言われたこの男は書がうまく、見事な文字を書いた。早速、松陰は富永に弟子入りさせて貰う。癖字の松陰は書を学びたいと常々思っていたのだ。松陰の他の囚人も倣って、富永に書を学び始めた。富永は、肉親から蛇蝎《だかつ》のように嫌われて入獄させられた自分が、「先生」「先生」と呼ばれ役立っている。そのことがうれしい。後に松陰が松下村塾を開く時、富永を教授として迎えている。「俳句が習いたい」と松陰は言い、獄内で吉村善作をみつけた。「誰もが人に負けない特技を持っている。それを生かすべきなのだ」それが松陰の考え方だったが、これを獄中教育などとは思っていない。学問をすること、自分の能力を伸ばすことの喜びを獄内の人々に伝えたかった。

皆が自信をもちはじめることが松陰にはうれしい。ほとんどの囚人がそれぞれの特技を生かして先生になった。松陰自身は「自分は皆のように特技はないが、孟子の話なら出来ます」と言って、孟子の講義を始めた。これが素晴らしかった。囚人たちは松陰の話に引き込まれて聞いた。獄を守る役人まで松陰の講義に引き込まれた。後に塾生になる。

この野山獄には唯一人、女性がいた。その名を高須久子と言った。松陰はその人に尋ねた。「どんな罪でここにいるのですか」すると久子は堂々と「姦淫《かんいん》です」と答えている。

久子は高須家の未亡人だったが、男好きで問題を起こしたのだそうだ。被差別部落の男性との交際が咎められて入獄になったそうだ。久子は三十五才。美人だった。二十七歳の松陰からすると年上の女性だったが魅力的な女だった。

孟子（ＢＣ372？～ＢＣ289）
中国戦国時代の儒教者。孟子の子とは「先生」というほどの意。儒教では孔子に次いで重要な人物。その言行をまとめた書が『孟子』。性善説を主張し、仁義による王道政治を目指した。

松陰はこれまで全く浮いた噂もなく、妻帯をしようともしない。女性についてひどく淡泊で、周りが心配するほどだった。友人たちが心配して旅の宿で商売女を差し向けるが、松陰はその女に触れようともしなかった。

そんな松陰が獄内の女性、高須久子にわずかに心を動かした形跡が残る。久子の女としての部分よりもこの人の持つ教養の深さ、短歌のうまさなどに惹かれていた。松陰の他にも短歌を学びたい者が出て来た。元々文学を愛する松陰の暮しはいよいよ豊かになった。

# 松下村塾

　文が松陰の弟子の久坂玄瑞の元に嫁ぐことになるのは、松陰が松本村で松下村塾を開いた後のことだ。野山獄から松陰は開放された。他の囚人十一人らが松陰を送別する句会を開いてくれた。「鴫《しぎ》立って　あと寂しさの　夜明けかな」と久子は書いて松陰に贈った。

　安政二年（一八五五）、野山嶽を出されて松陰は実家の杉家で禁錮《きんこ》刑とされた。その時、松陰は近所の子どもたちに学問を教え始めた。獄を出たばかりだし、自宅禁錮の身であれば学習教室は大っぴらには出来ない。しかし藩はそれを知っても黙認した。松陰の塾はたった三畳半の幽囚室で始まった。それが松下村塾の元になる。振り返って見れば、松下村塾は天保十三年（一八四二）に松陰の叔父、玉木文之進が萩城下松本村新道の自宅の隅で始めたものだった。団子岩の杉家とはすぐ近くであった。

　十四才の松陰は兄の民治と共にこの塾に通った。その後、玉木が藩の地方官になって村を出て行ったあと村塾は自然消滅してしまう。その後、やはり松陰の外叔父、久保五郎左衛門が松下村塾を再開させた。この人は四十一才で隠居の身となり、近所の子どもに学習を見てやることにしたのだ。その際、塾の名を松下村塾とした。それは寺子屋に近いものであったそうだ。

　しかし、松陰の塾が始まると子どもたちは松陰の方を好み、こちらが一杯になった。松陰は子どもたちに何故か人気があった。子どもばかりではなかった。三人の不良少年も来る。

　そんなある日、二人の若者が松陰の塾を目指して歩いていた。松本川を渡って松本村に入る。二人の若者とは高杉晋作《たかすぎしんさく》と久坂玄瑞《くさかげんずい》だ。二人は先刻から松陰のことを話しながら歩いていた。

　この時、久坂はすでに松下村塾に入っていて松陰の熱烈な崇拝者になっていた。一方、高杉晋作は十五才の時、初めて吉田松陰のことを聞いた。松陰が江戸の伝馬町の獄から野山獄に移された頃のことだ。大人たちは顔を合わせれば、松陰の話をした。「明倫館の教授であったのに藩法を犯し脱藩になった。次は国法を犯して国外にでようとした。大罪人である」というのが松陰の評判であった。「大罪人だ」と言いながら、大人たちは少しも松陰を攻撃してはいなかった。むしろ愛情と好意を持って松陰の話をした。「不思議だ」と晋作は思っていた。長州人だから寛大なのか。幕府に対して少なからず敵愾心《てきがいしん》を持っている長州人特有の意識なのだろうか。

「それにしても吉田松陰とはどんな人だろう」それが高杉が松陰に対して最初に持った印象だった。晋作の育った高杉家は萩藩の中級官僚の家で石高は百五十石取りであった。そんな家の一人息子として高杉は誕生した。祖父母がこの子を寵愛していた。両親も甘やかせた。長ずると晋作は明倫館での成績は芳しくない。学問に関心を持たず、むしろ剣術に興味を持っていた。「おれは剣客になる」と公言していた。

一方、久坂は明倫館の優等生だった。高杉も一年発起で勉強を始めると一気に成績は上がった。それでも高杉は学者になろうとは思わない。自分が何者なのか、それが分からず悩んでいた。

ある時、晋作が祖父に尋ねたことがある。「松本村の吉田先生とはどんな方ですか」と聞かれて祖父はあわてた。「お前は藩校の学問のことだけ考えていれば良いのだ」と強い口調で言った。松陰の思想にかぶれては大変だ、と思ったのだろう。晋作の祖父ばかりではなく、長州の武家の親たちは皆、そう思っていたことだろう。

そんなある日、高杉は剣道の防具を抱えて歩いている時、眉目秀麗な少年に出会った。それが久坂玄瑞だった。久坂は高杉の一つ年下だったが藩医の家の子で秀才の誉れの高い少年だった。兄の玄機がこれまた、周りが驚くほどの秀才だった。代々御典医の長男に生まれ、早くに藩医を継いでいた。この兄は家学の皇漢医方と合わせて蘭学を学んだ。そのせいか、兄は攘夷論者となった。夷狄を打ち、国防を急いでなすべきと主張した。

藩主から直々に海防対策を書くように言われ、兄の玄機は感激して二昼夜寝ずに書いた事から、疲労で急死してしまう。あっけない命であった。

十四才の弟の玄瑞が家業を継いで医者になる。これまで通っていた明倫館を退館して、頭を剃った。当時の医師はそうするものであったらしい。久坂は医学所に通い始めた。医者の卵になっている久坂と会った時、高杉に初めて松本村の松陰の話をした。

久坂が松陰を知るきっかけは月照という僧であった。月照は兄玄機の友人だっ

月照（1813〜1858）
幕末の尊皇攘夷派の僧侶。大阪の町医者の子として生まれ、京都清水寺成就院の住職となるが、尊攘運動に身を投じ、西郷隆盛と親交を深めた。安政の大獄で追われ、死を覚悟し、西郷とともに錦江湾に入水。月照は亡くなったが西郷は奇跡的に一命をとりとめた。

た。「松陰に師事して志を振るい立たせよ」と月照は言った。しかし、玄瑞は行動を起こしてはいない。

高杉は高杉で急に学問に打ち込み、思いがけず自分の能力を知って、なお自分の行く道に悩んでいた。。そんな晋作に祖父は「松本村には行くなよ」と口を開けば言う。孫が訳の分からぬ思想にかぶれる事を祖父は恐れていたのだった。

しかし、明倫館にいる高杉は何故か、日々が物足りない。自分のすることが他にあるのではないか。うつうつとする毎日だった。すでに久坂は松下村塾に入門していた。一年前、安政三年六月、久坂は入門したのだそうだ。高杉は入門のいきさつを久坂に聞いた。

久坂は「元はと言えば、自分の眼病のせいなのだ」と話し始めた。久坂は目の病いを患い、その治療のために九州に渡り、帰路、熊本に足を伸ばした。そこで宮部鼎蔵と出合った。その宮部の口から松陰がいかに人間として素晴らしいかを聞かされた。この時勢、師とするなら、松陰の他にない、と聞かされた。萩に帰ってすぐに久坂は松陰に手紙を書いた。

久坂はかなり緊張して気を入れて漢文で手紙をしたためた。ところが松陰からはひどい返事が来たそうだ。「僕深くこの種の文を憎み、最もこの種の人を憎む」

松陰は久坂の英知を小賢しいと受け取り、久坂の日本の将来を憂える気持ちも「浮薄である。人の受け売りではないか」と酷評した。

実は、これは松陰の久坂の本心を試すためであった。久坂はそんな事は知らない。猛然と怒り、反撃文を書いた。松陰と久坂の間に熱く、激しい書簡の往還があった。そしてついに久坂は入門を許されたのだった。松陰はこの時、「ついに来た。自分が待っていた奇才子が来た」と言っている。「防長年少第一流の人物にして、もとより天下の英才なり」とも言っている。

ともあれ、安政四年秋、二人の若者は松本村に向かっていた。高杉の祖父はこの日を予測したかのように、「松本村には行くなよ」と言い続けたが、すでに他界してしまった。もう高杉と松陰の接近を阻むものはない。十九歳の高杉は相変わらず「自分は何者なのか」「自分は何をしたら良いのか」が分からず悩んでいた。

そんな高杉を見て、松陰は喜んだ。「又、一人奇才が来た。待っていたのだよ。君のような若者を」松陰は喜んでいた。が、それは口に出さない。高杉が書きためた詩作集を松陰に示した。熱心にそれを読んだ後で松陰は言った。「久坂君の方が優れていますす」と言ったのだ。それは晋作にとって一番言って欲しくない事だった。久坂玄瑞は晋作の永遠のライバルだったのだ。松陰はこの二人のライバル心を利用すればもっと磨かれるに違いないと考えたのだ。しかしそんな松陰の気持ちには気付かず晋作はむくれた。

むっとした晋作は、松陰に自分の作品のどこがまずいかと質問した。松陰はこの質問に対して、事細かく、くわしく説明をした。晋作はそれを聞いて驚く。欠点を言われているのに晋作はうれしくてならない。自負心の強い晋作は、このように自分の欠点をあげつらわれたら我慢が出来ない筈なのに、松陰の言葉に惹きつけられていた。

松陰はこの時、高杉を霧に包まれた迷路から引きずり出してくれたのだ。自分が何者であるか、何をするために生まれて来たのか、霧が晴れたように見えたのだ。「この人は神ではないか」晋作は松陰の顔をみつめた。

「これまでにこんな人に会ったことがない」と晋作はうなる。聞けばこの松陰という人は塾を開きながら「自分は勉強がしたい。君たちに学びたいのだ。そして吾の頑鈍《がんどん》を磨きたいのだ」と言ったという。「変な先生だ」晋作は暮れなずむ松本村の畦道を歩きながら考えた。もうすっかり松陰の人間的な魅力に圧倒されてどうにもならないのだった。

こうして高杉晋作は松下村塾に入門する。。晋作、十九歳の秋だった。ちょう

伊藤博文（1841～1909）
幼名は利助。のち松陰から俊英の俊を与えられ俊輔。幕末の討幕運動に参加。維新後は薩長藩閥政権内で力を伸ばし、参議兼工部大臣などを経て内閣総理大臣にまで登りつめる。大日本帝国憲法の起草の中心となった。ハルピンで朝鮮人テロリスト安重根に暗殺される。

どその頃、十七歳の伊藤利助（のち俊輔・博文）、十五歳の品川弥二郎が入門している。二人とも足軽以下の身分の低い家の子だった。特に品川の家は検断人と言う罪人の首斬りの検断をする役目だった。品川少年は世間から忌み嫌われる世襲職の宿命を思い、人を助ける者になりたいのだと松陰に言った。以来、村塾の住み込み弟子となった。伊藤も品川も明治政府が出来ると新政府の高官に登り詰める。松陰は早くから平等という考え方があった。「身分に関係なく人材を登用すべきだ」と藩主にも提言している。

それにしても、松下村塾は三畳半では狭すぎる。塾生達は近所の廃屋に目をつけた。八畳の古部屋を貰って来て、三畳間と合体させてしまった。それらの作業は久坂等自らの手で行われた。

最後に古畳を安価で求めて来て敷くと立派な塾となった。畳代も塾生が提供した。この作業を進める時、塾生は本当に楽しかった。自分たちの手で自分たちの学校を作るのだ。皆子どものようにはしゃいで働いた。文はお茶を用意して、彼らに届けた。

松下村塾はこうして形をなして行った。

松下村塾生
松下村塾に学んだ人はほぼ全員萩藩士たちで、総計92名にのぼる。四天王と呼ばれた久坂玄瑞、高杉晋作、入江九一、吉田稔麿のほか主だった人は伊藤博文、山県有朋、品川弥二郎、赤根武人、前原一城、山田顕義、時山直八、寺島忠三郎、松浦松洞、倉橋直之助、増野徳民、中谷正亮、福川犀之助、国司仙吉、久保清太郎、有吉熊次郎、妻木寿之助、駒井正五郎、馬島甫仙、滝弥太郎、河北義次郎、杉山松介、山根孝中など。

# 文の結婚

「お前の婿さんは兄様がみつけてやるからな」それが松陰の口癖だった。実は松陰には早くから意中の人がいた。久坂玄瑞である。松陰は理屈抜きに久坂が好きだった。「久坂玄瑞はわが藩の少年一流」と他藩の友に喧伝《けんでん》している。「この生。同社中の奇才子、僕の大知己にござ候」と紹介したりする。それでもまだ不足で「久坂玄瑞は防長年少第一流の人物にしてもとより天下の英才なり」と言ったりする。「何故、吉田はあれほど久坂を可愛がったのかわけがわからん」と言ったのは富永有林である。富永は「わしは高杉の方が好きじゃ」と言っている。

久坂にしても高杉にしても逸材《いつざい》であった。松陰は「こういう若者が来てくれることを待っていたのだ」という。松下村塾を開く時も松陰はここで「物を教えるのではない。君たちに私が教えて貰うのだ」と言っている。逸材を見いだすことも松陰の目的であったのだろう。

久坂を妹の婿に所望する際も、自分の義弟になって、ずっと傍にいて欲しいという願望の方が大きかったかも知れない。それほど松陰は久坂が気に入っていた。しかし、この縁談に一つだけ問題があった。久坂は万人が認めるほど美男子であった。村の娘たちも村道を久坂が通ると大騒ぎをする。久坂自身も、自分の容姿が優れていることは知っているに違いない。

ところが、久坂の美男子振りに比べると、文は性格は良いし、頭も良い。しかしいかにも器量が悪い。兄の松陰の目にもこの二人がつりあわないことは分かるのだ。久坂にこの話を持ち出せば即座に断るかも知れない。男は誰でも器量の良い女を好むものだ。否定されるのが恐くて言い出せない。ぐずぐずしている間に久坂が別の誰かと結婚してしまうかも知れない。

逡巡する松陰が意を決する時が来た。久坂の江戸遊学の日程が決まったのだ。翌年二月には久坂は江戸に出立することになった。「江戸を見たい」というのは当時の地方の若者には共通の憧憬だった。十九歳の久坂がそれを願ったのは当然のことだ。松陰は久坂の江戸行きを許していた。江戸の情報が久坂の目、耳で届けられれば、松陰にとってこれ以上のことはない。むしろ久坂の江戸行きは松陰の望みでもあった。

久坂の江戸行きの前に文との結婚を決めたいと松陰は思った。それで十二月の初めのある朝、ついに松陰はその話を思い切って切り出した。久坂の返事は「喜んで、お受け致します」というものだった。松陰はそれを聞いていきなり走り出した。家族の元に駆けて行ったのだ。

「文、お前の婿がみつかったぞ」しかし、文はそこにいなかった。「母上、文の婿がみつかりましたよ」と子どものように興奮している。相手は久坂だと聞いて、母のお滝は「なんだ。久坂さんならずっと前からみつかっていたよ」何を言ってるのかと呆れて松陰を見た。

「母上、違うんです。久坂が文との結婚を承諾してくれたんです」それはお滝も望んでいたことだった。当の文は最後に教えられたのだった。ぱっと文の心に春が来た。松陰と同じく、文もこの塾で久坂が一番好きだった。しかも兄がこの人を好いていることを知っていた。久坂は誰にも好かれる若者だったのだ。塾に来る子どもたちも「お地蔵さんだ」「お地蔵さんが通るよ」と言って、ぞろぞろ久坂の後ろについて行くのだった。

村の娘たちも美男子には敏感だった。密かに久坂に思いを寄せる者も多かった。

当の久坂は高杉と違って、女好きという男ではなかった。文についても特別な感情は持ってはいない。「松陰先生の妹御」としてしか文を考えてはいなかった。松陰がこの縁談にそれほど悩んでいたことも知らなかった。

久坂と文の祝言は、早咲きの梅の咲く頃であった。文の親族と塾生たちに祝福されて二人の新婚生活が始まった。始まって見ると久坂は、自分にとってこの結婚が優れものであったことに気付くのだった。久坂は何よりも文の賢さが気に入っていた。難しい問題に直面した時も文は実に的確な忠告をしてくれる。それが出過ぎてもなく、不足でもない。文の持つ教養は久坂を満足させていた。「さすが松陰先生の妹御」と何回も感心した。あらためて松陰の女子教育の成果を見る思いだった。

松陰はこの時代の日本国の女子教育に大きな不満を感じていた。幕藩体制の中では男女差別が当たり前だった。寺子屋の時代から教科書にも男女区別があった。松陰は西欧には女学校というものがあり、女子の教養の必要性が認められていることを知っていた。だから松下村塾には女子部というようなものがあった。近隣の妻女や身内の女たちを集めて松陰は講義をした。

松陰は、身分に関わりなく村塾に若者を受け入れたように男女の差別もなく、学びたい者は受け入れるのだった。その元となったのは、文の向学心だった。「寅兄ちゃま、文に学問を教えてくだちゃい」と回らぬ舌で畦道を駆けて来たこの子の可愛さが忘れられない。松陰は暇をみつけては文に『女大学』や『百人一首』を繙いてやるのだった。そんな時、文の姉、千代や寿、兄、民治の妻、亀たちも一緒に講義を聞くこともあった。これが松下村塾の女子部の誕生であった。こうして育った文は学識も深く久坂の理想の妻となった。

しかも兄、松陰が気をもんだ文の器量のことだが、野良着を脱いで女らしいお召しなどを纏うと文は見違えるように美しくなった。久坂自身がまず文の変化に目を丸くした。「君はそんなにきれいだったのか」と口に出していうことはなかったが、自分の妻が思いがけず美人だったことを喜ばない男はいないのだ。久坂は文に何も言わなかった。しかしそのうち、周囲の男たちが騒ぎ出した。「久坂、掘り出し物だったんじゃないか」などと言う者もあった。

松陰ももちろん喜んだ。久坂に無理矢理、妹を押しつけたという思いがあったが、「これで胸を張れるよ」。皆が喜んでいることにも文は大して動揺することもなく、相変わらず野良に出ては野菜などを作った。それを自分たちが食べ、塾生たちにも食べさせるのを楽しみにするのだった。

又、文の顔は真っ黒になったが、輝いていて美しかった。

久坂と文はそのまま、杉家で同居した。早くに家族を亡くした久坂にとってそこは初めての家庭らしい家庭だった。決して贅沢ではないが、この家はいつも暖かい。いつも笑っている。塾では厳しい松陰先生も母親の前では幼児のように小さくなっている。それがおかしくて、久坂は笑ってしまう。母のお滝は相変わらず、風呂に入れ入れと家族に勧める。

久坂が考え込んでいると「そんな時は風呂が一番だよ。どんな悩みも吹っ飛んじゃうよ」風呂はこの家の最高の贅沢だった。お滝が焚いてくれる風呂は特別に気病に効くようだった。

# 吹き荒れる嵐

安政五年の新年が来た。それは静かな年明けの筈だった。新婚の久坂夫婦にとっても平穏な新年である筈だった。しかし、世は騒然として来た。まだ萩の田舎には届かないが、日本の危機は確実になっていた。

何もかもが、嘉永六年（一八五三）、ペリーが軍艦を率いて浦賀に来航した日から始まる。その時の幕府の狼狽ぶりに諸藩は呆れた。盤石である筈の幕府が慌てふためき、諸侯に「どうしたら良いか」と意見を求めた。いまだかつて、幕府が諸藩に意見を求めることなど絶対になかったのだ。人々は「黒船以来」というようになる。

黒船来航以来、すべてが変わってしまったのだ。二百六十年続いた幕府が、実は外圧に怯える弱体化した政府であることを諸藩は知ってしまったのだ。世の中

タウンゼント・ハリス（1804～1878）
アメリカ合衆国の外交官。初代の駐日アメリカ弁理公使として日米修好通商条約を締結した。敬虔な聖公会信徒で生涯独身を貫いた。下田で芸者お吉を愛人としたといわれる逸話は、ハリスの江戸出府を引きとめようとする役人たちのたくらみで、ハリスは清廉な人だった。

は微妙に変わって行く。

そこへ持って来て、総領事ハリスの登場である。ハリスはペリーより優秀で有能な実務家であった。幕府はハリスの突きつける通商条約をどうすることも出来ず、ふたたび諸藩に意見を問うた。諸藩は大多数が条約締結に反対だった。困った幕府は、朝廷の許可を得れば諸藩の反対が抑えられると考え、老中の堀田正睦《ほったまさとし》を京に送った。しかし朝廷も条例には反対だった。

この時、三月、久坂は京にいた。江戸に出る途中だった。

「堀田正睦は恐れおののいて退出したそうです」

久坂は松陰に新しい情報を送った。

松陰は、『飛耳長目《ひじちょうもく》』と言う新聞を作っていた。早くから松陰は情報の重要さを塾生に説いていた。塾生ばかりではなく、長州藩に対しても情報収集の必要を進言している。久坂を江戸に送る決意をしたのも、情報収集が目的だった。塾生では伊藤俊輔もさかんに情報活動をしていた。江戸城に登城したハリスの動向なども長州藩に伝えた。松下村塾には日本中、そして世界中の動きが集まると評判にもなった。

ところで江戸に戻った堀田正睦は大老となった井伊直弼《いいなおすけ》と計り、ついに日米修

堀田正睦（1810〜1864）
江戸末期の大名・老中首座。下総佐倉藩主。早くからの開国派でハリスが日米修好通商条約の調印を求めてくると、上洛し、勅許を得ようとするが、天皇から却下された。井伊直弼が大老に就任すると排斥され、政治生命を断たれる。

好通商条約を結んでしまう。これは異勅事件と称され、歴史の転換地点となり、松陰の生涯をも支配するきっかけとなってしまった。松陰はこの一連の幕府の暴挙に立ち上がった。

『対策一道』と言う論文を書き、藩に提出した。「ふたたび幕府から意見を求められたら、我が敬親公は『天皇の天勅に従わなければならない。アメリカとの通商は断つべきだ』とお答え下さい」続けて「我が国は三千年来、どこの支配も受けなかった独立国です。今、アメリカとの通商を開けば国内は大混乱をおこし、アメリカの思うままになってしまいます。断固拒否して三年後に国を強くしてこちらからカリフォルニアに行くべきだ」

そんな松陰の意見は幕府までは届かなかった。通商条約は結ばれてしまう。しかし、この一件が倒幕思想というものを具体化して行く。

伊井大老暗殺計画はすでに水戸藩士らの手で進んでいた。松陰は間部《まなべ》詮勝《あきかつ》暗殺を長州藩として実行することを考えた。そのために松陰は、藩の重臣にクーポール砲などの武器を要求した。このような過激な行動に走る松陰を、藩は放っておくわけには行かない。結局、野山獄に松陰の身柄を収監することにした。松陰の計画はほんの少し早すぎたのだ。もう少しすれば、各藩が倒幕に大手を振って立

井伊直弼（1815年～1860年）
15代彦根藩主。大老として日米修好通商条約に調印、日本の開国近代化を断行。その反対勢力を強権をもって粛清（安政の大獄）したが、その反動を受けて暗殺された。

ち向かうのだ。

久坂玄瑞の江戸行きは二月末のことだった。文はいそいそと夫の旅立ちの支度をした。久坂の江戸遊学は三ヶ月期限付きであった。この頃、松下村塾の塾生は積極的に江戸や京に出て行った。三月上旬には松浦松洞《まつうらしょうどう》や入江九一《いりえくいち》（杉蔵）が江戸に向け出立。高杉晋作も藩命によって江戸遊学が決められた。遊学先も日本の最高学府昌平黌《しょうへいこう》であった。

身分の高い高杉の江戸行きは、他の塾生とは格段と上の旅である。すでにライバルの久坂は江戸に行っている。高杉は焦る気持ちで江戸行きの機会を狙っていた。今、晴れて高杉晋作は江戸に出て行く。騒然たる江戸に高杉は出て行く。この時、松陰はこう言っている。「高杉晋作のがんこな性質をなおそうとすれば、人間が中途半端になって、大事をする時に必要な意志の力を失わせることになりかねない。彼は十年後に大事をなす人だ」

時に暴走する高杉の性格も、使い方によっては時代を動かして行く力になると松陰は見抜いていたのだった。松陰の予言どおり高杉は松陰の没後四年目、文久三年（一八六三）に奇兵隊を組織して内乱を起こし、藩の考えを一つにまとめ、倒幕への道を突き進む力となった。そんな夜明けが来るまで、江戸も日本も混乱

奇兵隊
長州藩の諸隊と呼ばれる常備軍のひとつ。奇兵とは正規の兵を意味する正規兵の反対語で、高杉晋作らの発案によって、藩士以外の武士や庶民で組織された。長州における倒幕のための軍の主力となった。

の時を送らなければならない。

安政五年六月、勅許を得ぬまま、幕府の独断で日米修好通商条約が調印されてしまう。松陰の一番恐れていた成り行きとなってしまった。松陰は『狂夫之言』を藩に提出して、最後の最後まで条約締結を反対する言葉をとなえた。そればかりではなく、これからの藩の行き方にも触れ、藩政改革を提言した。その中で松陰は「草莽崛起《そうもうくつき》」ということを言った。つまり人材を広く、身分に関わりなく、能力のある者を採用すべきだと言った。「身分の高い、低いではなく、農民からも、商人からも、足軽からも優秀な者を採用すべきだ」と、ここまではまだ良い、正論である。松陰が危険視されたのは老中間部詮勝を暗殺する計画や倒幕論など過激な論文を書いたせいだった。

長州藩は幕府の目を恐れ、先にも書いたが、松陰を獄につなぐことを決定する。これまで自宅監禁であった松陰が、野山獄に送られる。その入獄の理由は「学術純ならず、人心を動揺す」というものであった。

安政五年十二月の朝だった。塾生たちは道沿いに立って泣きながら、駕籠に乗せられた松陰を見送った。文は投獄される兄を一人で見送った。夫、久坂は江戸にいて見送りが出来ないのだった。

間部詮勝(1804～1884)
越前鯖江藩7代藩主。幕末に老中首座を務めた。11代将軍家斉の側近として寺社奉行、大阪城代、京都所司代などを歴任。その後、大老井伊直弼の下で再び老中になり、尊攘派を弾圧、安政の大獄に導く。

残されていた塾生は十二人だった。松陰の獄入りの前夜、小さな宴が催された。

もののふの　別れの宴や　雪の梅

これが松陰の送別の言葉だった。

「あの人がいてくれたら、どんなに力強いことか」文は思わずにはいられなかった。思えば、文の結婚ははかないものだった。結婚してわずか二ヶ月で夫は江戸に立って行った。

久坂の江戸行きは結婚前から決まっていたことなので、文は何にも言えない。夫の旅の身支度をして、笑顔で見送った。久坂からは頻繁に松陰に便りが来る。久坂の役目は江戸の情報を集めて松陰に送るというものだったから、当然のことだ。その事から文は夫の動きをかすかに知ることが出来る。

松陰が再獄されたことも久坂は知っている筈だ。妻の文が心を痛めているだろうことも分かっている。が、それでも久坂はどうすることも出来ないのだった。文にとって兄も夫も自分の身内でありながら遠く、自分の手に届かぬところに立っているような気がしていた。しかし、文は普通の女ではない。松陰に仕込まれた女だ。兄や夫がやろうとしている事もしっかり理解出来た。父母も松陰の支持者であった。

野山獄に出掛けて行く松陰に父は笑って言った。

「麦と同じだ。踏まれるだけ強くなる。悲しむことはない」何度もの獄入りに対しても、この両親は息子を信じていた。母のお滝は孫たち、つまり松陰の甥たちに向かって常に言い続けたという。「寅叔父《おじ》さんのようになりなさい。寅叔父さんは偉いのです」

塾生たちは松陰の駕籠を追っていつまでも追いかけて走った。文も走った。珍しく長州に年の暮れの雪が降る日だった。年が明けると松陰は三十才になった。野山獄で松陰は五ヶ月を送り、その後、江戸に護送される。

わずか五ヶ月の日々だったが、松陰は無駄にしてはいない。少しも失望してはいない。野山獄には以前入獄した折の顔見知りが四人もいた。松陰の塾生となった司獄の福川犀之助の弟、高橋藤之進もいた。早速ここでも勉強会を始めた。しかも獄中にいて盛んに政治的画策を行った。それを誰彼なしに書き送った。

松陰はどこにいても、どんな状況にあっても学問に打ち込むことが出来る。そしてその知り得た事を、周囲の人々に分け与えることの出来る人物だった。

それにしても、老中暗殺や倒幕思想はこの時期、非常に危険なものであった。しかし、自分の気持ちに素のままに生きる松陰は、思ったことを何でも弟子に伝えたい。ここまでは松陰の意気も盛んであった。

しかし、獄内にいても過激な発言を続ける松陰に危険を感じて離れて行く仲間も増えた。江戸にいる弟子たち、高杉晋作、久坂玄瑞、中谷正亮、飯田正伯《しょうはく》、尾寺新之丞らが連盟で「今暫くは静かにしておられた方がよいのではないか」と言って来た。弟子たちは時世をかんがみ、松陰の身を案じていたのだ。

その後は、松陰が手紙を出し続けても返事が来なくなってしまう。「松陰先生に手紙を出すのは危険です。暫くやめておくように」と忠告したのは桂小五郎《かつらこごろう》（のちの木戸孝允）であった。

失意の松陰は断食を始めてしまう。一月の半ばだった。松陰は獄での食事を拒否して死ぬと言い出した。弟子たちの疎遠はそれほど松陰にこたえたのだ。

「餓死してしまいます」牢役人の福川犀之助が心配して杉家にその事を伝えた。それを聞いて母のお滝は驚いた。切々とした手紙を添えて獄にお粥を届けた。お使いをしたのは文である。

「寅兄様、何をお考えで拒食などなさるのですか。寅兄様は文の大事な先生なの

木戸孝允（1833〜1877）
長州藩士。政治家。別名桂小五郎。明治維新の元勲であり、西郷隆盛、大久保利通とともに「維新の三傑」といわれる。維新後は海外視察をするなど、大久保とともに日本の近代化を推進した。

に」獄の門をくぐる時、手の中のお粥が暖かかった。母の手紙も暖かい。母の手紙はこのように綴られていた。

「寅次郎、今頃はどのように暮らしているのですか。うすうす聞くところによるとお食事を断っているとか。本当に驚きました。万一そのためにお果てになるような事になれば、それは不孝というものであり、実に口惜しいことではありませんか。たとえ野山獄に居られようと無事であれば母は安心なのです。短気なことはやめて生きながらえて下さるように祈るばかりです。このお粥は貴方のために作りました。母のためと思って食べて下さるように頼みいります。いくえもいくえも心をいれかえられますよう、かえすがえすも祈っておりますよ」

そんな手紙とお粥が文の手で届けられると、松陰はこれ以上断食を続けるわけには行かなかった。母の作った粥は松陰の凍った心に染みて行った。

入江杉蔵が心配して訪ねて来た。すっかり痩せて生気を失って無精ひげをはやした松陰を見て、杉蔵は思わず泣いた。

「先生、死んでは行けません。生きて下さい」

松陰は杉蔵の言葉にさえ慰められるのだった。

この杉蔵に松陰が送った送序が残されている。

入江九一（1837～1864）
長州藩士。通称は杉蔵。長州藩の足軽の子として生まれ、松下村塾に学ぶ。久坂、高杉、吉田とともに四天王のひとりに数えられた。奇兵隊の参謀となって、蛤御門の変で活躍するが、敵の槍を受けて目を負傷し、その場で切腹した。

「杉蔵ゆけ、月白く、風清し、酒も飲むべし詩も賦すべし。天下は大物だ。いちどきに動かせるものではない。ただ誠をつんで、その後、動くのみ」

杉蔵は足軽よりも身分の低い家の子であったから下っぱの役しかやらせて貰えない。希望のない日々を送っていた杉蔵を広い世界に送り出してやろうとして、心からの送序を書いてやるのだった。

この入江杉蔵には和作という弟がいた。本家を継いだ和作は野村姓で杉蔵は入江家の養子になったので入江杉蔵と言った。この頃、杉蔵二十二歳、和作十八歳だった。松陰はことさら杉蔵を愛し彼の才能を高く買った。杉蔵は松下村塾四天王と呼ばれるほどになる。ちなみに四天王とは高杉晋作、久坂玄瑞、吉田稔麿《としまろ》（栄太郎）、そして入江杉蔵である。

松陰はこう言っている。「私が杉蔵をたっといと思うのは国を思う気持ちが切実で、重要な対策を考える点、私はかなわないものがある。世子、江戸の藩邸に留まり、警備の藩士百人足らず事件がおきたらどのように対処するか」杉蔵のやるべき事、考えるべきことを言っている。

杉蔵が江戸に出る前、松陰は荒れ狂い、食を断ち、残された塾生だけでは手に負いかねていた。杉蔵は江戸にいる栄太郎に便りを送っている。「栄太郎、早々

吉田稔麿（1841～1864）
長州藩の活動家。名は栄太郎。のちに稔麿と改名。松陰門下の中でも特に秀で、久坂、高杉、入江とともに、松門四天王と呼ばれた。宝蔵院流の槍と柳生新陰流の剣の名手。将来を嘱望されたが、京都池田屋事件で討死した。後の元勲、品川弥二郎は「稔麿が生きていたら総理大臣になっただろう」と語ったとされる。

に帰れ。先生の守に困る人ばかりなり」と記されてあった。松陰は荒れ狂い、食を断っていた頃のことだ。

松陰は杉蔵の顔を見ると弱々しく笑って「母に叱られたよ。少しずつ粥など食している。心配するな」母に叱られたことがよほどうれしかったと見える。

子どもの時から母のお滝は家族皆の気持ちが塞ぐ時、風呂を焚いて慰めてくれた。太鼓を叩いて歌ってくれた。そんな事まで思い出した。お使いに来た文の心配そうな顔も、松陰の気持ちを動かした。この可愛い妹を泣かせてはいけない。それで食断ちを止めた。

安政六年四月頃から松陰の気持ちは漸く落ち着き、冷静に事態をみつめる余裕を取り戻すのだった。そして言う。「今、長州藩で命を惜しまずに行動出来るのは自分と杉蔵と和作だけだ」浪人でしかも入牢中の自分、財産も身分もない杉蔵と和作には、もはや捨てるものがない。松陰に言わせれば「まだ捨てるものを持っている人々は自分の手をよごすまい、今の立場をうまく持続しようとして先頭を走るだけの意欲が湧かないのだ」

文は夫、久坂たちと兄、松陰が一枚岩でなくなってしまったことに気づき、心を痛めていた。それは哀しいことだった。文にとっては夫も兄も同じく大切な人、どうして二人の間に不協和音が生じてしまったのか。文には分からない。心を痛めるばかりだ。どうすれば良いのだろうか。

松陰は「久坂は防長第一流の才気ある男だった。しかし一年の江戸ぐらしで気はくじけ、志は消え果てた」と激しい言葉でののしっている。文は兄、松陰が何か誤解をしているのだと思った。あれほど久坂を認め、可愛がっていた兄、松陰の心にどんな変化があったのだろうか。文は松本村にいて、気をもむばかりだった。

そんな矢先だった。ひょっこり久坂玄瑞が帰って来た。すでに江戸幕府は松陰の江戸への呼び出しを決めており、長州藩の江戸藩邸にその通達は告げられた。使者に立ったのは長井雅楽《ながいうた》だった。直目付の長井はあわてて長州藩を目指した。長井は一ヶ月を要して長州に帰国した。長井が運んで来た幕府の命令書は「吉田寅次郎、右の者吟味の筋、これあり、道中取り逃がさぬよう手当し、早々におよびだし」というものだった。それは幕府の魔の手であったが、まだ松陰自身も気付いてはいなかった。

江戸送りの命令が届くのと前後して久坂が帰国した。文との再会もそそくさと久坂は野山獄に向かって行った。「先生が心配だ。先生が心配だ」久坂は江戸へ

長井雅樂（1819～1863）
幕末の長州藩士。役は直目付。始祖は主家毛利家と同じく大江広元の子であり、毛利家臣団の中でも名門中の名門であった。藩内では攘夷派と対立し、免職されるが、その後朝廷に対する長州藩の全責任をとる形で切腹を命じられ、自害した。

の呼び出しも深刻に捉えていた。しかし、そんな事はおくびにも出さず、獄内で松陰と対面した。あれほど久坂の悪口を言っていたのに、松陰は声も出ないほど感動して喜んでいた。文は久坂の後を追って来て、そんな二人を見た。

# なみだ松

この日、野山獄には続々と松陰の弟子たちがやって来ていた。師の江戸送りの報に接して、驚いて駆けつけた弟子たちだった。中に門下生の松浦松洞がいた。松浦は舟津の魚屋の子として生まれたが、子どもの頃から絵を描くのがうまく、好きでもあった。四条派の師について学んだ。その松浦が二十歳の時、すでに絵師として活躍していたが、松陰の存在を知り、松陰に惹かれて村塾に入門して来たのである。

その松浦の顔を見て、久坂は思いついた。「松陰先生の肖像画を描いて欲しい」と言い出したのだ。これまで松陰は自分の顔を描かせることを拒否していた。「あばたを描かれるのがいやなんだよ」

この時も松陰は「あばたは描くなよ」と言って肖像を描くことを承諾した。「男

松浦松洞（1837〜1862）
幕末の画家。松下村塾に学び、尊攘派志士となり、京都、江戸で松陰に情報を提供。江戸に送られる前の松陰の肖像を描く。長井雅楽殺害に失敗し、京都で自刃。

前に描いてくれよ」などと軽口を叩きながら、松浦の前に座った。機嫌がよかったのは久しぶりに門下生が次々にやって来たのがうれしかったのだろう。書物を前に静かに顔を上げている吉田松陰像はこの時、八枚描かれて後世に伝えられることになった。

この直後、松陰は江戸に送られ、五ヶ月後には処刑されてしまうのだ。松浦に描かせた肖像は遺影となってしまったのだ。

それを思えば久坂のとっさの思いつきは実に当を得ていて、松陰の姿を後世までも伝えることとなった。しかし、松陰の肖像画を描いた松浦も久坂も、これが遺影になるなどとは夢にも思わない。

「江戸からの呼び出しと言えども大したことはないだろう。先生は何一つ違法はされておられないんだから」集まって来る門下生たちも明るく考えていた。

使者として江戸から来た長井雅楽だけが一抹の不安を抱えていた。松陰に会うと「江戸では藩の内情は話さないように」と釘を刺すことを忘れなかった。松陰はそう言われると事もなげに「分かってます。藩にご迷惑を掛けることはありません」ときっぱり言い切った。長州藩としはこの時期、倒幕思想が強まっていたのだが、幕府に知られることはまずい。それを心配するのだ。松陰は「そんな事はちゃんと心得ています」と言い切った。

それよりも松陰には、しなくてはならないことがいっぱいあった。今後、村塾をどうするか。

松陰は妹、文の夫、久坂は京や江戸で活躍するだろうから、もう一人の妹、寿の夫、小田村伊之助に塾は任すことに決めていた。松陰は何を思って、そんな風に自分の後継人を決めたり、肖像を描かせたりしたのだろうか。文は後になってこの時の兄、松陰の心を思い、涙した。「寅兄様はすっかり覚悟を決めておられたのだ」と思うのだった。「兄さまはそういう方なのだ」と文はもう一度涙した。

いよいよ明日、五月二十五日には江戸に出発という日になって、松陰は突然、実家杉家への帰宅が許された。もう諦めていたのだから、松陰は無邪気に喜んで野山獄を出た。実はこれを仕掛けたのも久坂だった。「先生をせめて一夜、家に帰してやっていただけないだろうか」と牢役人の福川犀之助に持ちかけた。福川は村塾の門下生であり、松陰の崇拝者であった。福川は後に、許可なく独断で罪人を帰宅させた罪により罰せられることになる。

むろんその覚悟があっての行動であったのだ。

この福川の決断のおかげでその夜、松陰は実家で両親や兄や妹たち、門人たちと賑やかな一夜を過ごすことが出来た。母のお滝は 松陰を風呂に誘った。「大さん、背中流してやろうか」母はいつまで経っても松陰を「大さん」と呼ぶ。大次郎は松陰の幼名である。文は寅兄さんだが、母はいつも大さんだ。

その夜、母は大さんの背中を思いっきり洗ってやった。「子どもの頃も良く洗っていただきましたね」と松陰が言えば、

「大さん、又、この家に帰って来てくれるね」と母は言う。

「分かっています。必ず母様の所にもどって背中を洗ってもらいます」

これが、この母との永遠の別れになろうとは松陰自身もまだ分かってはいなかった。

松陰が唐丸駕籠に押し込められて萩を出る朝、あいにくの雨だった。福川のおかげで実家で一夜を過ごすことが出来た。翌朝は護送役人たちが迎えに来る前に獄に戻っていなくてはならない。両親や妹たちと枕を並べて眠る夜はあまりに短かった。気丈な両親はこの期《ご》に及んでも涙一つこぼさない。凛とした両親の振舞いを見て、文たちもじっと涙をこらえていた。

「胸は裂けるほどに思いましても誰も泣きは致しませんでした」後に文の姉、千代が回顧談としてこの時のことを語っている。「武士の子はどんなに悲しくても

泣いてはいけない」と教えられて文たちは成長したのだった。そんな健気《けなげ》な妹たちを見て、松陰は形見の歌を残している。

こころあれや　人の母たる人達（いましら）よ、
かからんことは　武士（もののふ）の常

「いかにも兄様らしいお歌であることよ」と文は思うのだった。とても厳しいけど実は心底、優しい兄様のことが文は子どもの頃から好きだった。
短い夜はすぐに明けた。あいにくの雨だった。
五月二十五日の朝である。松陰の江戸への護送は物々しく、三十人もの役人が松陰の乗せられた唐丸駕籠を取り囲んだ。行列は江戸に向かって行く。無情の雨に濡れながら駕籠に揺られて、松陰は萩城を振り返った。雨にけぶる萩城を涙と共に眺めるのだった。

帰らじと　思いさだめし旅なれば
ひとしお濡るる　なみだ松かな

この大屋という地は、故郷を出る者は皆、ここで萩城を見、いつ帰れるかと涙する場所だったのだ。ここに立つ松の大木は誰いうとなく、涙松とよばれるようになったのだ。松陰はそれを一首としたのだった。

故郷を去って行く三十歳の松陰の上に雨は降り続けて、やむことを忘れたかのようであった。一ヶ月を経て松陰を乗せた唐丸駕籠は江戸に着いた。途中、松陰は外国船が神奈川の海に浮かぶ様を駕籠の中から見た。品川では外国人が馬に乗って走り回る様も見た。

「時代は変わろうとしている」と松陰は感じていた。

金子重之輔と共に異国船に乗ろうとして下田の海で悪戦苦闘した夜のことなど思い出さずにはいられなかった。

# けふの訪れ

七月九日、それは松陰が江戸に着いて十四日目のことだ。江戸藩邸にいた松陰に呼び出しがかかる。評定所に呼び出された松陰に、投げかけられた尋問は二つだった。そのことを松陰は高杉晋作に手紙で知らせている。

一つは「安政三年冬、梅田雲浜《うめだうんぴん》が長州を訪れた時、どんな話をしたか」というもの、もう一つは「京都の御所内におとし文をした者がある。筆跡が似ているが覚えはないか」というものだった。自分はこの尋問に接し、ひどく失望した。命がけで幕政批判をする覚悟でやって来たのに取るに足らない尋問にがっかりした。と書いている。

尋問に対する釈明はすぐに終わった。「もうよろしい、戻って良い」と言われて、松陰は拍子抜けした。それでついつい、いわでもの事を言ってしまった。「私

梅田雲浜（1815〜1859）
幕末の儒学者。若狭小浜藩生まれ。ペリーが来航すると条約反対の志士たちの急先鋒となり幕政を激しく批判。安政の大獄で摘発されるが、獄中で病死。

は死に値する罪を二つ犯している。一つは幕府を倒す為、京都の大原三位に手紙を出したこと。もう一つは老中間部を殺そうとしたこと」

何故、自分の方からそんな事を言ってしまったのだろう。幕府側は当然、松陰が尊壊運動の過激な指導者であることを知っているものと松陰は考えていたのだ。松陰の自白に役人たちは色めきたった。幕閣の要人暗殺計画は聞き捨てには出来ない。

「間部侯は幕府の高官である。それを暗殺だとは」実は幕府は松陰がそれほどまでに幕政批判をしていることも知らなかったのだ。あわてた幕府は松陰に極刑を言い渡す。松陰はいわでもの事を言って墓穴を掘ったのだろうか。ここで危険を犯してまで自分の罪を自白することによって幕府の反省を促したかったのだ。評定所に引き出されたことは良い機会だと思ったのだ。

当初は、幕府は松陰の罪を遠島ぐらいに考えていたし、松陰自身も遠島ぐらいと考えていたらしい。高杉への手紙でも「遠島が決まったら」などと書いている。それががらりと変わった。松陰の本性を見た幕府は、松陰を伝馬町牢獄の西奥揚屋に収容した。そこは重罪の囚人の収容される獄だった。松陰はすぐに死罪を確信した。

判決によって死罪が確定するのは十月二十六日だったが、死罪が免れないと知ると松陰は両親や叔父、玉木文之進、兄、民治に宛名を連記した遺書『永訣書』を書き始めた。そこには松陰の気持ちを表す一首があった。

親思う　心にまさる親心
けふの音（訪）づれ　何ときくらん

この別れの一首と共に、故郷の母に自分の遺骸の始末について記している。「わたしの首は江戸に葬り、萩には日頃使っていた硯と書を祀って下さい」と書き、墓には「松陰二十一回猛士とだけ書いて下さい」そんな事が記された手紙には最後にもう一首があった。

よびだしの　声まつほかに今の世に
待つべきことの　なかりけるかな

この遺書が届いたのは松陰が処刑された後のことだった。家族と共に妹の文も見た。

「寅兄さんは本当にこの世を去ってしまったのだ。もう兄さまは帰っては来ないのだ」ついに独身だった松陰にとって、妹たちは愛しく、心を残して行く存在だった。その妹たちへの遺言は一つもなかったが、子どもの頃からの兄の慈愛は彼女たちを離れることはなかった。文は泣きながら、寅兄さんの素晴らしい生涯をかみしめていた。

それにしても、寅兄様の最後の様子が知りたいと文は思っていた。

よびだしの　声まつほかに今の世に
待つべきことの　なかりけるかな

あらためてこの一首を見た時、文は全てを納得した。寅兄様は誰も恨まず、何も妬まず、この世のことを愛し切って三十年の生涯を終わったのだと得心したのだ。

この遺書が萩の杉家に届くのは十一月二十日のことで、松蔭死去後一ヶ月近く後のことになる。家族と共に文も読んだ。「何と澄み切ったお心持ちか」と文は哀しみよりも兄の立派さに胸打たれていた。と同時に「寅兄様は本当にこの世を去ってしまわれたのだ」「もう兄様は戻っては来ないのだ」いつも旅からふらりと戻り、「文ちゃん、又お土産忘れちゃった」と笑っていた兄様。その兄様がこの世からいなくなってしまったのだ。いくら待っても兄様は帰って来ないのだ。そう思って文は泣いた。

もう一つ、松陰は門弟たちに向けての遺言『留魂録』を残した。これはこれまで門弟たちに語って来たことの集大成だった。家族への遺書を書いてから五日目の十月二十五日に書かれている。練りに練った文章を残すべく周到な計画を立てていたのだった。

その『留魂録』にも一首があった。

身はたとひ　武蔵の野辺に朽ちぬとも
留めおかまし　大和魂

この『留魂録』は松陰の自身の行動の反省から始まっていた。至誠をもってすれば、必ず相手の心を動かせるのだと信じてやって来たが、失敗してしまった。

「自分に人徳がなかったせいだろう」「自分の志を継いでくれるであろう若い人たちに言い残しておきたい事がある」そんな書き出しで始まっていた。

「私は三十歳で実をつけ、この世を去る。それが単なる籾殻《もみがら》なのか、成熟した米粒であるのかは分からないが、同志が私の志を継いでくれるならそれは蒔かれた種が絶えずに穀物が年々実っていくのと同じで、収穫のあった年に恥じない結果となろう。同志よ。この事を良く考えて欲しい」

ずっと後でこの兄の遺文に触れた時、文は思った。兄様の心には松本村の、あの畦道が住んでいたと知るのだった。「寅兄様の種はきっとみのりますよ。文が必ずそれをみとどけますよ」兄の心に野良の営み、自然の命が生きていたことを文は知って、喜んだのだ。「兄様、何よりのお土産ですよ。ありがとう」

その日から松陰は文の心の中で生き始めたのだった。

『留魂録』には倒幕思想やこれから日本人が如何に世界の中で生きて行けば良いのかなどが記されていた。文字どおり、これは門下生たちへの最後のメッセージであり、教えであった。書き終えてから松陰は牢番に話した。どうしてもこれを届けたいのだと言うと、「それは難しい。中身を見られてしまう。幕府に都合の悪いことが書いてあったら取り上げられてしまう」と牢番は言った。それを聞くと松陰はあわてた。「この遺書が門弟に届かなければわたしは死ねない」と松陰は言って、もう明日は処刑という十月二十六日、寝る間も惜しんでもう一冊の『留魂録』を書いた。牢名主の吉五郎はそんな松陰を見て、胸を打たれた。「私が必ず、届けてやる。安心してくれ」そう言って胸を叩いた。

松陰処刑後、吉五郎は自分が釈放されるのを待って、松陰の門下生を見つけ出し手渡してくれた。短い間だったが彼は松陰の人柄に触れて、松陰に傾倒していたのだった。

二冊目の『留魂録』を書き終えた時、二十六日の太陽はすっぽり沈み、牢の窓の空を真っ赤に染めていた。松陰が見た最後の夕陽だった。

翌朝、呼び出しがあった。松陰は少しもあわてず、宣告を聞いた。そして朗々と大きな声で辞世の歌を詠った。

吾、今、国のために死す
死して　君臣にそむかず
悠々、天地のこと
鑑照、明神にあり

役人たちは松陰のその崇高な声に圧倒されてただ呆然と立ちつくすのだった。「皆さん、お世話になりました」松陰は囚人たちに別れの挨拶をした。「吉田先生」とまず牢名主の吉五郎が叫ぶと囚人たちもそれぞれ叫んだ。「吉田先生」短い時間だったがここでも松陰は囚人たちに学問を教え、人の道を教え、大きな影響を与えたのだった。

惜しまれて処刑される松陰が刑場に引き出され、首を斬られる。斬ったのは首斬り役人の山田浅右衛門だった。後世、山田は松陰の最期を語っている。山田はその日の処刑者が誰であるかも知らなかった。吉田松陰の名も知らなかった。「その朝、斬った囚人は驚くほど見事な態度だった。これまで斬った罪人のうち、この男が一番だった」と山田は言う。「悠々と歩を運んで来たその男は役人たちに向かって、会釈をし、『ご苦労さん』と言って正座した。堂々たる態度で死んで行った」これが山田の回顧談だ。安政六年十月二十七日の朝だった。

この日、この時、萩の杉家では松陰の父と母が不思議な夢を見ていた。その頃、松陰の兄の民治は重い病になり、母はその看病に疲れていた。うとうとしていた母の夢枕に松陰が立った。「母上、唯今帰りました」とはっきりと言った。ひどく元気そうな松陰だった。母はうれしくて何か言おうとしたが、夢はさめてしまった。母は松陰の旅立ちの前夜、風呂場で「必ず、元気でかえります」と母に誓った息子のことを思い出していた。

父の夢は、松陰が見事な態度で処刑されている夢だった。「立派な最期だ」父はほれぼれとその夢を見ていたという。両親の夢の話を聞いた時、文は不吉なものを感じて恐ろしかった。松陰の死は十一月二十日、江戸からの飛脚によって知らされたのだが、その処刑の日、夢で松陰は萩に戻っていたのだ。遠く離れた江戸で没した松陰の魂だけは萩に帰って来たのだと、家族はようやくあの日の不思議な夢の意味を知るのだった。

人斬り浅右衛門をさえ感服させた見事な死を遂げた松陰の遺体は、飯田正伯と尾寺新之丞の二人の村塾生の手で引き取られ、南千住の小塚原の回向院《えこういん》に埋葬された。罪人としての埋葬であった。その後、松陰の罪が許されると世田谷の若林に埋葬し直された。これが後に松陰神社となる。文の寅兄様は、のちには日本中の人々の大切な人になって行く。

# 蒔かれた種

文の夫、久坂玄瑞は松陰の死後、確実に変わった。高杉も変わった。村塾の門下生は皆、見違えるほど変わった。彼らを動かしたのはあの『留魂録』だった。「松陰先生の本当の偉さが分かった」と残された者たちは口々に言った。その大事な先生を安政の太獄という井伊大老の陰謀によって殺されてしまった。怒りに燃えた玄瑞らは、その気持ちを倒幕運動に注ぎ込んで行った。

特に玄瑞の変わりようには目を見張るものがあった。「寅兄様が夫に姿を変えて生まれ変わったのではないか」と文は思うほどだった。玄瑞は人が変わったように杉家にいても指導力を発揮し始めた。松陰という心棒を失って心もとなさをかみしめていた文たちには、玄瑞の変わりようが有り難かった。

この頃、玄瑞は西洋学所で学んでいた。寮生活だったが暇を見ては杉家に帰って文たちを励ました。とかく留守がちであった玄瑞が頼もしい人になっていた。

神垣《かみがき》の　みかきの梅は散りぬとも
桜かざして　吾いでたたむ

と玄瑞は詠んだ。松陰は梅を愛した。梅の花である師、松陰は死んでしまったが、自分は桜になって立ち上がろうと詠った。そして玄瑞は歩き始めた。玄瑞は母も亡くしていた。父母と兄を亡くしてしまった玄瑞は久坂家の墓参も忘れなかった。

この年の梅の季節、二月七日は松陰の百日忌に当たった。団子岩の杉家の墓地に師の前髪を納め、塾生たちは供養をした。名入りの花筒なども備えた。文はこの法要によってようやく寅兄さんの死去を確信した。夫、玄瑞の存在が文の新しい一歩に背を押してくれたのだった。

玄瑞と文の夫妻にはまだ子がなかったが、仲睦まじく物静かな夫婦になっていた。玄瑞の才能を認め、義弟にしたくて妹、文と結婚させてしまったのは松陰だった。その松陰亡き後、玄瑞は松陰の志を継いで村塾の運営をし、文の家族を大切にした。父母は頼もしい婿を誇りにした。

そんな玄瑞が又、萩を離れることになった。玄瑞は藩庁の許可を得て江戸に遊学することになったのだ。玄瑞はその頃、英語を習得する必要を感じていた。英学を身につけて世界のことを知らなければならない。それは松陰の遺志でもあった。蒔かれた種は育てなくてはならない。

　この杉家にもう一人、自慢の婿がいた。文の姉、寿の夫、小田村伊之助である。玄瑞は広い世界で活躍するものと松陰は考えて、村塾の後継者としてこの小田村を指定して逝った。しかし、小田村はそれが出来なくなった。藩主敬親の側儒役（待講）に採用されたのだ。殿様の勉強がかりのような役目で、これは非常に名誉な抜擢であったが、松下村塾にとっては痛手であった。

　しかも職場は三田尻（防府）の越氏塾に派遣されたため、小田村一家はその地に移って行った。小田村家には二人の男の子があった。長男、篤太郎（六歳）、次男、久米次郎（一歳）だった。可愛い盛りの子どもがいて、夫は機嫌良く、新しい仕事に就任した。寿には幸せな日々だった。

　ところが、翌文久二年、江戸に行く藩主に随行することになる。寿は二人の子どもを連れて実家の杉家にもどって、夫を待つことにした。そこにはやはり、夫の留守を守る文がいた。姉妹の実家での共同生活が始まった。昔の姉妹にすっか

勝海舟（1823年～1899年）
江戸末期から明治初期の政治家。咸臨丸で日本人として初めて太平洋を渡り、また坂本龍馬や榎本武揚を育て、日本海軍の父と言われる。薩摩の西郷隆盛と会談、江戸城無血開城を実現、江戸を戦火から救った。維新後は海軍大臣、枢密顧問官などを歴任。

り戻ってしまって、父母の元でそれぞれの夫を待つ日々となった。

　しかし、文は少しばかり、姉が羨ましかった。自分には何故子どもがいないのか。玄瑞の間に子どもさえあれば、どんなに長い留守も耐えられるのだが、と文は思うのだ。「寿姉さんはいいよねぇ」と口に出して言うこともあった。二人の子は文にもなつき、可愛かったが、文の寂しさは埋められなかった。それを埋めてくれるのは玄瑞からの手紙だけだった。一年五ヶ月の留守の間にわずか四通の手紙だったが、きめ細かく情愛に溢れていた。

　夫、玄瑞は文に「歌を詠め」と何回も勧めている。短歌作りは文の無聊《ぶりょう》を慰めてくれるのではないか、という玄瑞の心配りであったが、文は短歌は苦手だったようだ。夫は少しそれを残念がっている。

　それでも夫婦は平静を保ち、それなりに落ち着いていた。

　そんな夫婦の営みをよそに、世の中は大きく変わろうとしていた。江戸にいる玄瑞は否応なしにその変化の渦に巻き込まれて行く。玄瑞が江戸に出る少し前、勝海舟《かつかいしゅう》らが咸臨丸《かんりんまる》でアメリカに向かったのだ。

　それを知った玄瑞はいよいよ英学の必要性を感じるのだった。

　この遣米使節は外国奉行新見正興《しんみまさおき》を首席全権として幕府が派遣したものだっ

橋本左内（1834〜1859）
越前福井藩士。幕末の思想家。大阪に出て、緒方洪庵の適塾で学び、水戸の藤田東湖、薩摩の西郷隆盛、熊本の横井小楠らと交流。藩主松平慶永（春嶽）の側近として幕政の改革を訴えたが、安政の大獄で伝馬町牢屋敷で斬首。

た。目的は条件批准書の交換のためであったが、長い鎖国の中にいた日本人が、日本の船で太平洋を越えてアメリカに渡ったことが人々に与えた衝撃は大きかった。勝らが早くから軍艦伝習所などを運営していたが、アメリカから帰るとすぐ勝は海軍操練所を設立し、自らは軍艦奉行に就任した。

咸臨丸の話題で江戸が盛り上がっていた頃、玄瑞は江戸に着いた。その一月前、三月三日桜田門外の変は起こる。安政の大獄の首謀者である井伊大老が水戸浪士の手で殺害されたのだ。その報を聞いた時、玄瑞はまだ萩にいた。「先生、喜んで下さい。先生を死に追いやった井伊が殺されました。水戸は大したものです」松陰の墓前で玄瑞は報告し、泣いていた。塾生たちも同じ思いだった。祝杯を上げたい位、喜んでいた。

安政の大獄は井伊が橋本左内、頼三樹三郎、吉田松陰らを政治批判をしたという理由で有無を言わさず処刑してしまった事件だった。梅田雲浜は獄死した。吹き荒れる嵐の中で改革派の超一流の知識人ばかりであった。井伊の大弾圧は国にとっても大損失であった。

結果、反幕府、反井伊の機運は高まり、桜田門外の変となった。

これで時代は変わると確信して久坂は江戸に出て来た。「先生、見ていて下さ

桜田門外の変

1860（安政 7）年 3 月 24 日、安政の大獄の中心人物、大老井伊直弼が江戸城桜田門外で水戸脱藩の浪士たちに襲撃され、暗殺された事件。

い。」「先生のご遺志は必ずついで行きますから」

そんな勢いで出て来た久坂が直面するのが、幕府の公武合体論の盛り上がりだった。それは幕府に都合の良い合体論であった。仁孝天皇の第八皇女、孝明天皇の妹にあたる皇女和宮《かずのみや》を将軍家茂《いえもち》に無理矢理降嫁させるという、幕府に都合の良い合体論だった。久坂は怒った。「皇妹ご縁組みを名とし、降嫁後は恐れながら人質の様になられ、京都を圧迫し、諸侯を鎮静させる奸計であることは容易に推察出来よう」といい、皇女和宮の輿を奪う計画を立てたが、警備が厳重で手が出せなかった。

久坂のような考えの者は他にも大勢あっただろうが、和宮の行列は無事に江戸城に入ってしまった。

この頃、久坂は江戸で高杉晋作と会う。同郷の志を同じくする二人は懐かしさで一杯だった。この時、高杉は萩の軍艦製造所にいたのだ。航海士を志して藩の軍艦丙辰丸に乗って江戸に出て来たのだが、ひどい船酔いに苦しみ、自分が船乗りに向いていないことを身をもって知らされた所だった。

「もう船はやめた。こりごりだ」と言って、元の学問に戻るのだった。そんな高杉はこれから信州松代に行って佐久間象山に会うのだという。「お主も一緒に行

公武合体

幕末、開国を迫る諸外国との条約締結をめぐって、分裂した朝廷と幕府の関係の修復のため、朝廷（公）と幕府（武）を結びつけて幕藩体制の再強化を図ろうとする政策論、運動をいう。

かないか」と誘われたが、久坂は断った。やらねばならない事が山のようにあったのだ。

高杉一人が信州に旅立って行った。高杉は松陰から象山への紹介状を貰っていたのだった。この時、高杉が象山を訪ねたことは、後の日本の行くえに大きな影響を与えたことは確実である。象山の思想が高杉晋作に乗り移り、行動となって行くのだ。

一方、久坂は長井雅楽と激しく対立していた。長井は萩藩の直見付だったが、長井の「航海遠略策」は幕府に喜んで受け入れられていた。久坂らにとっては、長井は松陰を死に追いやった張本人であると信じて疑わなかったのだから、敵対する存在だった。

久坂は江戸で直接、長井に会って、この策について激論を戦わせた。四回もの面談でこの策が如何に間違っているかを久坂は指摘した。しかし、幕府にはこれは都合の良い考え方だった。朝廷を動かし命じさせて、幕府がそれに従う形で航海遠略策を実施して対立する国論を治めようとするものだった。これは別の名の公武合体論だったのだ。

長井雅楽に激しく反論する久坂に、帰国命令が出たのはそれから間もなくのこ

和宮（1846～1877）
孝明天皇の異母妹。朝廷と幕府の関係を修復し、国論の統一を図る公武合体策の一環として14代将軍徳川家茂に嫁した。大政奉還、明治維新という激動の時代をけなげに生き抜いたが、脚気療養先の箱根で死去。享年32歳。

とだった。久坂のような過激派を江戸に置くのは危険だと考えられたのだろう。無念ではあったが、久坂は萩に戻った。

久しぶりに夫がひょっこり何の前触れもなく、帰って来た。「やれうれしや」と思う間もなく、夫は飛び出して行く。その頃、久坂は他藩の草莽《そうもう》の士との交わりを実現しようとしていた。ちょうどそこへ土佐の武市半平太《たけちはんぺいた》の使者、坂本龍馬がやって来た。武市の手紙には「諸侯頼むに足らず、公卿《くぎょう》頼むに足らず、草莽の志士を叫合し、義挙《ぎきょ》の他にはない」と記されていた。それは全く玄瑞の思いと同じであった。そして又、師の松陰の思想でもあった。

文久三年（一八六三）は、文の身辺にもいくつかの変化があった。まず前年、安政の大獄で罰せられた松陰らに幕府大赦令《たいしゃれい》が下った。それを受けて、翌年、文久三年、江戸にいた高杉晋作、伊藤俊輔、品川弥次郎らの手で小塚原の松陰の遺骸は掘り起こされ、世田谷の若林に埋葬され直す。小塚原は罪人の墓だったのだ。のちにここ若林には、松陰神社が建立される。その報を久坂と文は、萩で聞いた。杉家の者にとって、何よりうれしい知らせだった。松陰の名誉が回復したのだ。

この年、もう一つ、うれしい事があった。それは文夫妻が養子を得たことだ。攘夷運動に身を投じようとしている玄瑞は、自分が死んだら久坂家は絶えてしま

坂本龍馬（1836〜1867）
土佐藩郷士。若くして志士として活躍。薩長同盟を結ばせ、維新回天の大事業をスタートさせたが、その成功を見ないうち、京都近江屋で暗殺される。結成した亀山社中（後の海援隊）は日本の株式会社第一号と言われる。

う。子どもが出来ない以上、養子を得るしかない。早くからそれを考えていた玄瑞は、小田村の義兄に次男の久米次郎を貰い受けたいと頼み込んでいた。久米次郎は文にも良くなつき、まことの母子のように仲むつまじい。文に異論がある筈もない。唯、小田村夫妻が承諾してくれるかどうか。それが心配だった。男同士の話し合いがうまく行って、久米次郎は文たちの養子となってくれた。二十六歳の玄瑞、二十一歳の文がようやく人の親となれたのだ。

# 元治元年、夏

久坂家のそんな喜びの年だが長州藩にとっては受難の年となる。文久三年（一八六三）八月十八日、その政変は起こる。その日の朝のことだ、いつものように禁裏守護のため長州藩が御所正門に向かうとそれを拒否され、薩摩と会津の兵が「勅命だ」という。一体何が起こったのか。

実は孝明天皇は、長州藩寄りの攘夷激派の公家《くげ》を快く思っていなかった事もあり、幕府に抱き込まれ、長州藩を御所から追い出す決定をしたのだった。結果、長州藩と長州藩寄りの公家七名が京を逐われることになる。これを「七卿落ち」と呼んだ。

当時、京にあった久坂の悔しさは例えようもなく、涙を堪《こら》えて、落ちて行く七卿の世話をし、兵庫まで送って行った。そしてその思いを詠じた。「あらいたましや霊きはる。大宮にあけくれ殿居せし、実美朝臣、季知卿、壬生、沢、四条、東久世、その外錦小路殿、今浮き草の定めなく、旅にしあれば駒さえも進みかねては嘶《いば》いつつ、降りしく雨の絶え間無く、涙に袖の濡れ果てて」こうして七卿は雨の中を落ちて行く。

この政変のため、久坂ら長州藩士は京に住むことが出来なくなった。長州藩と見れば新選組などが斬り付ける。それが正義になってしまっていたのだ。兵庫から京に戻った久坂は名も変え、住まいも変えて京の町に潜伏した。危険を承知で情報収集に勤めねばならなかった。この一件は、かえって長州藩の者の気持ちを一層強く結束させた。

その後も久坂は、長州藩の復権のために各地を走り回っていた。そんな忙しい中、ひょいと前触れもなく、萩の実家に立ち寄ったのだ。

そこで初めて玄瑞は我が子、久米次郎と会った。一家三人幸せな数日を送った。「早よ早よ、大きくなれ」と成り立ての父は我が子をけしかけたりした。「子があるという事は何と良いものか」と文はしみじみ思うのだった。子がいてくれるだけで、家庭の空気は柔らかになる。それが生《な》さぬ仲であったとしても、子は家を幸福感に満ちた家庭にしてくれる

新選組

「誠」の旗のもと幕末の京都において反幕府勢力を取り締るため結成された武装組織。浪士を中心に構成され、会津藩預りとして活動した。局長は近藤勇、副長は土方歳三。隊士には沖田総司、永倉新八、斉藤一、山南敬助などその後の小説やコミックなどで知られる人々がいる。

そんな数日を送った後、久坂は再び、京に出て行った。うれしい時間はあまりにも短かった。しかし、その出掛けて行く玄瑞を見送る文は、これが夫を見る最後になろうとは思いもよらないのだった。

男というものは分からないものだ。この後、京に戻っても長州藩の立場は難しく、苦難に満ちた日々であるのに、玄瑞は島原桔梗屋抱えの芸者、辰路と良い仲になってしまう。しかも辰路は玄瑞の子を身ごもるのだ。長州藩士と見れば、斬り捨てられても文句の言えない状況の中で、潜伏生活を送る男が一世一代の恋をしてしまう。これまで浮いた話もなかった玄瑞に、どんな心の動きがあったのだろうか。

この翌年には玄瑞は生を終わってしまうのだから、辰路への情愛は燃えさかる若い命の発露であったのだろうか。玄瑞ばかりではなく、この時の志士たちは花街の女たちに深くのめりこんで行った。

しかし、玄瑞には妻、文に対する良心の呵責もあった。それ故に山口まで来ていながら萩に行くことが出来ない。文の兄、民治が七歳の久米次郎を連れて山口まで来た。玄瑞は久米次郎に会えたことを喜んだ。民治は時世の成り行きについて玄瑞と話がしたいとの面談を希望していたのだ。山口まで来たなら、萩に寄って欲しいと民治は玄瑞に依頼した。この時、玄瑞は辰路の一件があり、文には会いにくい。どうしても萩には寄れないと返事をすると、民治の方が山口にやって来ることになった。

久米次郎を伴わせたのは文の考えであろう。夫がこの子を可愛がっていることを文は知っていた。案の定、思いがけずここで我が子に会えたことを玄瑞は喜んだ。民治に託した文への手紙が残されている。

「この度は用事が多く、少しでも帰りたかったが、それも適わない」と詫びを書いているが歯切れが悪い。後ろめたさが玄瑞を支配していた。ただ久米次郎に会えた喜びを書く時は堂々といている。「息子と一緒に寝たんだよ。久米次郎は大人しく遊んでいるよ」と父らしい事を書いている。この便りは民治に託されたが、妻、文への最後の手紙になった。

山口では藩の世子、定広に藩士たちは出兵を訴えた。世子はようやく出兵の宣言をした。やれやれと思う間もなく、京で池田屋事件が起こる。祇園祭を控えて、華やぐ京の町でいきなり、新選組の襲撃が起こったのだ。三条大橋近くの池田屋では尊王攘夷派の志士たちが集っていた。長州、土佐、肥後の志士たち、十数人だった。新選組三十人の殴り込みに成す術もなく、七人の死者を出してしまう。松陰

池田屋事件
1864（元治元）年７月８日、京都三条木屋町の旅館池田屋に集まった長州、土佐の尊皇攘夷派の志士を新選組が襲撃した事件。宮部鼎蔵、吉田稔麿、北添佶摩など前途ある志士たちが討死。

の親友、宮部鼎蔵もこの戦いで命を落とした。玄瑞が信頼してやまぬ吉田稔麿も死んだ。長州ら倒幕派はこの新選組の暴挙に一層の敵愾心を燃やすのだった。

　運命の元治元年（一八六四）の年が明けた。山口から戻った久坂は長州藩の勢力を取り戻すために奔走した。寝る間も惜しいほど国事は山積みだった。

「何としても長州の汚名をすすぎ、冤罪を晴らさなければならない」という思いはおさまりがつかなくなっていた。すでに長州の兵は京に大軍で迫っていた。これまで長州藩は、天皇の京を武力で汚したくないとの思いから極力、戦闘は避けて来た。今回も兵力二千人を御所周辺に集めた上で名誉挽回をしようとしただけの事だった。

　しかし、天皇はこうした長州のやり方を不快に感じた。会津藩主や中川宮らも「長州は嘆願だといいながら、本当は去年八月の七卿落ちの怨念を晴らすため進発して来たのだ」と譲らない。「長州を撃滅すべきだ」の声が高まる。薩摩、土佐、久留米も長州討伐側に回ってしまう。長州ばかりが悪者にされてしまった。

　玄瑞はこの時、天王山の陣を守っていた。その夜、どうしても辰路に会いたくなった。玄瑞はこの戦いで命を落とすかも知れないという予感を持っていた。今生の別れをしたかった。それで陣営を抜け出して京、島原の角屋《すみや》に駕籠で駆けつけた。いつものように辰路を呼んで貰おうとするがダメだと言われてしまう。角屋は新選組の屯所が近い。長州の玄瑞がいるとなると大事になるというのだ。玄瑞は諦めて帰ろうとしていた。暫く行くと後ろを追って来る者がいた。辰路である。一足遅れで角屋に来た辰路は、玄瑞が去った後を追ったのだった。久しぶりの逢瀬であった。いくさ装束のままの逢瀬はまことに短く切ない。

「わしの命はそう長くはない。お主《ぬし》は体をいとえよ」と言い、玄瑞は辰路に二十両を手渡した。自分の子どもを腹に宿した女を、この世に残して行くことが不憫でならないのだ。死と隣り合わせにこの女に惹かれ、生まれて初めて女というものに埋没した。妻への背信は我ながら許し難いのだが、玄瑞は薄い着物をかき合わせて、自分を追って来た辰路をたまらなく愛おしいと思うのだった。

辰路との切ない別れの時を過ごすと、玄瑞は心急かれて陣地に戻って行く。玄瑞はその夜、辰路に思いを残しつつ、船で淀川を渡り、天王山に戻った。途中でばったり、入江九一に出合う。九一は池田屋事件に遭遇しつつも九死に一生を得た長州藩士だった。二人は谷川の水を両手で掬い、水杯の別れの儀式をした。元治元年七月十八日の夜は静かに更けて行った。

入江九一と同じく、池田屋事件の生き残りの来島又兵衛《きじままたべえ》は非常な抗戦派でその

来島又兵衛（1817〜1864）
長州藩士。早くから尊皇攘夷派として活躍し、高杉晋作の奇兵隊に触発されて遊撃隊を組織。蛤御門の変では激戦を繰り広げ、鬼来島とうたわれたが、胸を撃ち抜かれて死んだ。

点、理性的な玄瑞とは正反対だった。長州の恨みは又兵衛を突き動かし、進撃を主張した。結局、その日の朝方、戦いの火蓋は切られた。来島又兵衛は五百の兵を率いて午前二時、本陣の天竜寺を出立した。途中でこの兵を二つに分けて三百の兵は蛤御門《はまぐりもん》（禁門）を攻め、二百の兵は下立売御門に向かった。長州のこの動きに対して一橋《ひとつばし》（徳川）慶喜《よしのぶ》は会津、桑名、薩摩の兵に出陣を命じた。蛤御門を攻めた長州軍は薩摩、会津、一橋の連合軍に敗れるが、又兵衛率いる三百の兵は強く、新式の鉄砲で会津を蹴散らして、門の中に入った。天皇の御座所、内裏まで兵は進み、銃撃戦を繰り広げたので皇太子の睦仁親王（後の明治天皇）が失神するという騒ぎになった。そこに駆けつけた薩摩兵の応戦により、長州軍は指揮を取っていた又兵衛の絶命によって敗北した。

天王山を出立した久坂は堺町御門に到着する。そこは鷹司邸である。門を守っていた越前軍を破って邸内に突入する。そこに鷹司輔熙《たかつかさすけひろ》が出て来た。久坂は「我らは嘆願に来ただけ。話を聞いてくれ」と頼むが無視される。そこへ会津、薩摩連合軍が迫って来た。堺町御門は堅固で攻めあぐねていたが、これを会津の大砲頭取の山本覚馬の六斤砲が打ち破り土塀の一角が壊される。この穴から会津、薩摩の兵がなだれ込んで来た。

徳川慶喜（1837～1913）
江戸幕府 15 代将軍。御三家のひとつ一橋家の当主を務めたあと、将軍後見職を経て 15 代に就任。最後の江戸幕府将軍となる。水戸の徳川斉昭の 7 男として生まれ、幼少の頃からその才智は人を瞠目させるものがあり、「家康の再来」とまで言われた。維新後は貴族院議員、公爵。

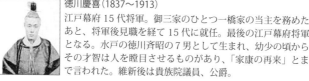

激しい銃弾戦が始まる。やがて、邸に火の手が上がった。この戦いで久坂は膝に銃弾を受けてしまう。とても脱出は望めない。玄瑞は自刃の覚悟をする。そして邸内の奥の間で切腹して果てた。その後、邸内から火が出たので玄瑞の遺骸は跡形もなく消え果てた。火の手は京の町に広がり、五万軒の家を焼く大火となった。炎に包まれて久坂玄瑞は一片の骨も残さず、消えて行った。二十五歳の一生であった。

# 文の戦後

文が夫、玄瑞の死を知ったのはこの年の夏の終わる頃のことだ。玄瑞にずっと付いていた家僕の柴垣弥惣は萩に帰って文の顔を見るなり、泣き出してしまって言葉にならない。

「弥惣、しっかりして。落ち着いて何もかもを話して下さい」文の方が冷静だった。京での出来事をすでに文は聞いていた。夫がその戦いで命を落とすかも知れないという悲しい予感は文の胸の中にあった。夫の訃報を聞いても涙一つこぼさなかったのは兄、松陰の言葉が残されていたからだ。

心あれや　ひとの母なるいましらよ
かからん事は　もののふの常

それが松陰の文たちへのメッセージだった。

夫、玄瑞は義のために命を捨てたのだ。国の未来のために死んで行ったのだ。「それなのに私が泣いたら夫の死をおとしめてしまう」そう文は考えて哀しみに耐えた。わずか七年の結婚生活であった。二十二歳で文は未亡人になった。「大火のためにお骨も拾えなかったことをお詫び申し上げます」と弥惣は玄瑞の最期を知る限りを話した。「鷹司邸の奥の間で旦那さまは自刃されました。まことにご立派なお最期でございました」と言ってから弥惣は長州の不運を語った。

「理不尽です。ご主人さまは最後まで我が藩の名誉を取り戻すべくお上に懇願するおつもりだったのです。それが薩摩、会津との戦闘になってしまって、長州は禁裏に殴り込んだ悪者にされてしまったのです。ご主人さまはどんなにか、ご無念であった事でしょう。私たちはご主人さまのご無念を晴らし、長州の名誉を挽回せねばなりません。奥様、私を使って下さい」

小柄な弥惣がその時、文には大きく見えた。文の膝によじ登って来る久米次郎を抱き寄せて、「弥惣、頼みます。このままでは主人は可哀想すぎます」と言った。

お骨もないのでは、一体どこで手を合わせば良いのか。文は弥惣が持ち帰った玄瑞のわずかな遺品を久坂家の墓に収めた。夫がこの墓が好きで帰郷する度に、ここに来ていたことを文は思った。そして、あらためて文は思う。「骨の一かけも残せなかった夫の魂はもうここに戻って来て、久坂の両親や兄が眠る墓に来て、家族に迎えられているのだ」と。

元気な頃、江戸や京から戻ると、玄瑞はまずここに来て長い時間、佇んでいた。そんな夫のことを思い出しながら、玄瑞の魂がすでにここに来ていることを確信するのだった。

涙ひとつこぼさずに、文は夫の死を乗り越えた。その折、文の心を支えたものは夫が生前、旅先から送ってくれた二十一通の手紙だった。繰り返し繰り返し、古い手紙を読みながら、ありし日の夫の姿を思い浮かべて寂しさに耐えるのだった。そして文が心から哀しみに陥るのは、暫くしてからの事になる。

玄瑞が命を落とした蛤御門の変（禁門の変）では松下村塾の者が多数亡くなっている。玄瑞を筆頭に入江九一、寺島忠三郎ら六名が戦死した。高杉晋作が難を逃れたのはこの時、捕らわれの身となって野山獄に収監されていたからだった。高杉も玄瑞と同じように、長州が恨みを晴らすために好戦的になっていた来島又兵衛と対立していた。

腹を立てた高杉は京に行って玄瑞や桂小五郎に会って意見を聞こうとして、藩の許可も取らずに旅だってしまい、それが脱藩の罪になり、野山獄行きとなったのだ。その間に蛤御門の変は起こり、命拾いをしていた。もう一人、文の姉、寿の夫、小田村伊之助も長崎に出張中で難を逃れた。

しかし、蛤御門の変後の長州藩の立場は厳しいものとなって行く。孝明天皇が砲撃に肝をつぶして、いきなり長州藩討伐令を出した。一方、長州藩の上層部は幕府に対して恭順の態度を取った。その恭順派が力を持ち出し、藩内の尊攘派を弾圧し始めた。玄瑞の良き理解者、前田孫右衛門や小田村伊之助の実兄、松島剛蔵など村塾系の十一人が尊攘派として逮捕され、野山獄に収監される。

攘夷派に代わって力を持ったのは、俗論党と呼ばれる恭順派だった。佐幕派とも呼ばれた。幕府に気を使って、幕府への謝罪として蛤御門の変の指導をした三人の家老の首を取って、征長軍の総督府の元に届けた。そうすることによって幕府に対して、降伏の態度を示したのだった。その事によって征長軍はまもなく撤兵した。

その後、長州藩内の恭順派はいよいよ力を強めて行く。逆に尊攘派は圧迫されて行く。藩主の側近であった姉、寿の夫、小田村伊之助にも容赦ない弾圧が加えられて行く。伊之助は全ての職を取り上げられ、親類預けとされ、座敷牢に押し込まれた。一切の活動が禁止されてしまう。

伊之助の覚悟はすでに決まっていた。いずれ遠島や獄舎入りとなり、命はないものと予想していた。村塾の者たちの理想はどこに行ってしまったのか。追いつめられ、幕府や他藩を敵に廻してしまった長州藩の上層部は同じ藩の進歩派を弾圧することで自分たちの安泰を謀ろうとしたのだった。

文は姉の寿から伊之助の受難を聞くにつけ、変わってしまった世の中を悲しく、泣くしかなかった。吹き荒れる嵐の中で、必死で足を踏ん張っている姉夫婦の為に何をしたら良いのだろうか。何も出来ない自分が口惜しい。黙って、久米次郎を抱きしめるばかりだった。兄、松陰が死に夫、玄瑞が戦死し、今、姉の夫、義兄が窮地に立たされている。

「寅兄さん、助けてよ。文は、どうしたらこの嵐を通り抜けることが出来るのでしょう」

文はいくつになっても寅兄さんが心の拠り所である。

そんな文の願いが通じたのか、小田村伊之助の命が救われる好機が訪れる。救ってくれたのは高杉晋作の挙兵であった。九州筑前に逃れていた晋作はここで長州藩を取り巻く状況の変化や仲間たちの苦難を知る。殊に藩の心変わりが許せない。奇兵隊も解散させられそうだと聞く。晋作も追いつめられて行った。

文は無力な悲しい未亡人であった。政変で夫を亡くし、幼子を抱えた文は、変動する時代の海の中で揺れる浮き草のような存在だった。姉の千代も寿も皆浮き草だった。

そんな文たちの運命を変えてくれたのは、文の亡夫、玄瑞の朋友高杉晋作の無謀と言われた挙兵であった。

# 高杉晋作の挙兵

高杉晋作はその頃、「筑前福岡にゆけば望東尼《ぼうとうに》を訪ねよ」という話を聞いた。平尾山荘という隠れ家があって勤王の志士を匿ってくれるというのだ。中村円太に連れられて、晋作は山荘への急な坂を上って行った。ここで晋作は、野村望東尼に初めて会った。

野村望東尼は本名をモトと言った。福岡藩士浦野重右衛門の三女だったが、若い頃から文才を発揮して歌人として周囲に聞こえていたそうだ。夫、野村新三郎は国学や歌道をモトに授けた。勤王思想もモトは夫から教えられた。その夫の死後、モトは夫と隠遁していた平尾山荘に庵を作り、尼となり望東尼と名乗り、憂国の歌を作って人に知られるようになった。とくに安政の大獄の折、幕府に追われる僧月照を匿ったのを始めとし、憂国の人々の手助けをして来た。そうする事

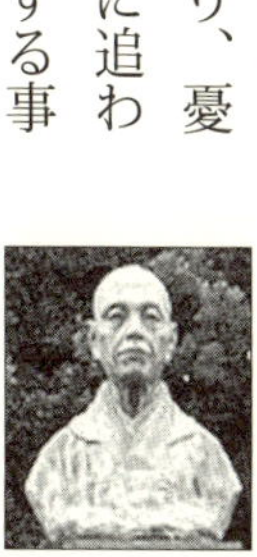

野村望東尼（1806～1867）
幕末の女流歌人、勤皇家。福岡藩士の娘だったが、夫の死後、剃髪。福岡の山村（現福岡市中央区平尾）にあった自分の山荘を拠点に多くの勤皇の志士を庇護した。その山荘は現在保存されて平尾山公園となっている。

が夫の遺志であると信じていたからだ。

晋作がここにやって来た時、望東尼はすでに五十八歳になっていた。晋作と望東尼は男と女というよりは人間として、強く心が惹き合うものを感じた。「この世にこんな若者がいたのか」と望東尼は晋作の魅力に圧倒されたのだった。長州藩一の危険な男と万人に言われた高杉晋作が、この教養深い老女の心を感動させたのだという。

数日を穏やかに送っていたが、やがて晋作を立ち上がらせる報が届く。飛脚の伝える長州藩の状況はひどいものだった。幕府の長州への言い分はあまりにも苛酷であった。すでに三家老の首は差し出しているのに、なお三ヶ条を突きつけて来た。

それは「藩主は城を出て寺院に行くこと、そこで謹慎して罪を待つこと。長州藩が保護している五卿の身柄を九州に移すこと。山口城を取り壊すこと」だった。これを実行しなければ幕府は進撃を開始するというのだ。佐幕派の俗論党政府はこの条件を受諾したのだという。

もはや躊躇している場合ではない。晋作はこの時点で決意した。「今こそ、立ち上がる好機である」と確信した。長州に戻って幕府軍と戦う決意を固めたのである。

　この山荘に七日いて、ついに晋作は一世一代の戦いに身を投じようと決意したのだった。望東尼との出会いが、晋作の背中を押してくれたのは確実である。姉に励まされるような気持ちで戦いへの誓いを心に決めるのだった。

　望東尼はそんな高杉晋作の決定をいち早く察知して、彼の旅立ちのための衣装を整えてくれた。この若者が、今旅立つのは命がけの戦いに飛び込んで行くためなのだ。

　この夜、望東尼は単身、危険を承知で馬関（いまの下関）に戻って行く晋作の覚悟を見て取ったのである。そんな若者のために望東尼は羽織などの衣装に添えて、一首したためた。

まごころを　つくしのきぬは国のため
たちかえるべき　ころも手にせよ

　そんな姉のような望東尼の愛情のこもった羽織を着て、晋作は出て行く。

　高杉晋作が馬関に戻り、挙兵するのは慶応元年（一八六五）十二月十五日のこ

功山寺
下関市長府にある曹洞宗の寺。長府毛利家の菩提寺。仏殿は鎌倉時代の禅宗建築を代表するもので国宝。1863（文久3）年、高杉晋作の挙兵の地として知られる。

とだった。それは赤穂浪士の討ち入りの翌日のことになる。討ち入りの日より一日遅れのこの日、挙兵となった。

「死んだら、墓前で、芸妓を集めて、三味線を鳴らして欲しい」と言い置いて、高杉はいくさに出て行く。その前に晋作は長府の功山寺《こうざんじ》を訪ねている。この寺には七卿落ちの貴族たちのうち、五卿が長州藩の手で匿われていたのだ。文の夫、久坂玄瑞らが護衛して京から長州に運ばれた貴族たちが、この頃、幕府の意向により九州に移されることになっていた。

「長州の世話になった我々が今、長州の危機を知りながら九州に逃れるのは後ろめたい」と言う者もいたが、九州移座は内定してしまっていた。その五卿の前で晋作は豪快に酒を飲み、派手な衣装を見せつけて、「今から長州男子の肝っ玉をお見せします」と馬の上から叫ぶと雪の功山寺を後にした。五卿はこの夜の高杉の振るまいを忘れない。

この夜、雪は功山寺をすっぽりと包んでいた。晋作の乗る馬を先頭に、砲車が進み八十人の兵が続いた。

しかし、その高杉隊を阻むものは数限りがない。友達である同門の山県狂介（のちの有朋）も大反対だった。「高杉は狂ったのか」友人たちの心配は高杉の身を

山県有朋（1838〜1922）
長州藩士。元帥陸軍大将。公爵。通称は狂介。高杉晋作の奇兵隊で頭角を現わし、維新後は枢密院議長、司法大臣、貴族院議員、元老、内閣総理大臣などを歴任。長州閥のトップとして君臨した。

案ずるからのことだった。

「高杉の軽挙のせいで藩は潰される」と多くの者が考えていた。

しかし、高杉はどんな忠告も聞かない。「思いとどまれ」という忠告も聞かない。「どうしても馬関に行くと言うのなら、長府領内は通さない」とついにそこまで言われてしまう。長府を通らなければ馬関には行けない。

しかし、それくらいのことでへこむ高杉ではない。

「陸路がだめなら、海路で行くまでのこと」と言い放つ。そして長府海岸に出て、ありったけの漁船をチャーターして馬関を目指すのだった。一晩中船を漕いで翌朝、夜が明ける頃、船団は馬関の海岸に入った。

まず高杉の兵たち八十人余は下関新地会所に行き、ここを包囲した。蓄えられていた貯蔵米を奪い、民衆に分け与えた。銀八貫は軍資金として頂戴する。ここで高杉は叫んだ。「次は海軍を分捕る」そう言った時にはすでに海にいた。藩の軍艦が三隻そこに停泊していた。やすやすと癸亥、庚申、丙辰の三艦を奪い取る。

軍艦を守っていた長州海軍は、すぐ近くまで幕府軍が迫っていることを知っていた。「どうせ幕府軍に奪われるなら高杉軍に奪われた方がまだしもだ」と考えたのだろうか。それとも高杉軍の強烈な迫力に負けたのだろうか。高杉は奪った

長府
下関の中心地から北東へ約８キロ、かつては長府町だったが、現在は下関市に編入された。長州藩の支藩、長府藩が置かれ長府毛利家が陣屋を構えていた。武家屋敷や、高杉が挙兵した功山寺など名所も多い。

三艦を萩に回航し、海から萩を攻め、俗論党を叩く計画だった。下関で快進撃を続ける高杉隊の噂はすぐに藩中に伝わり、一緒に戦いたいと入隊してくる兵は次々と増えて行った。

農民や下士たちも我も我もと集まって来る。彼ら一人ひとりが自分の意志で立ち上がったのだ。

が、高杉ははたと行き詰まる。対岸の小倉にいる幕軍のうち、肥後熊本藩軍は強敵である。うかつには動けない。

萩にゃ行きたし
小倉も未練　ここが思案の下関

そんな即興歌を作り、愛人おうのを相手に三味線をつま弾いていた。「機を待つ」そう言って高杉は立ち止まった。

その頃、文は風の噂に高杉の快進撃を聞いた。松下村塾の門下生が今、立ち上がり、世の中をひっくり返そうとしている。ようやく良い世の中が来るのかも知れない。そんな希望も湧いて来るのだった。しかし、高杉隊の進撃に驚いた長州藩首脳部はあわてふためき、とんでもない挙動に出た。

尊攘派として野山獄に収監されていた七人の首を斬ってしまったのだ。小田村伊之助の兄、剛蔵もその一人だった。処刑されて空いた獄に、今度は伊之助が放り込まれた。実兄の斬殺された庭を見ながら獄中生活を送らなければならなかった。「次は自分の番が来る」すでに伊之助は死を覚悟した。

妻、寿の絶望は傍にいる文にも手に取るように分かった。しかし寿は強い人だった。夫を励ますために文をお供に獄を訪れ、禁止されている食べ物の差し入れなどをうまくやってのけた。

握り飯の中には手紙や刃物などを忍ばせて届けることに成功している。刃物は獄中の男たちのひげ剃りや爪切りなどに役立った。

「気を長くして世の中が変わる日を待って下さい」と寿は手紙で夫を激励した。「村塾の高杉さんが世の中を変えてくれますよ」という事は言わない。言わなくても分かっていることだった。この時、高杉の挙兵がなければ小田村伊之助の命は危なかったのだ。

杉家の人々、長姉の千代や母のお滝、そしてもちろん文も伊之助を励ますことに力をそそいだ。女たちはスクラムを組んで、野山獄に通い詰めた。文はふと「寅兄様の時もこんな風だった」と思うのだった。

一方、高杉の隊は快進撃を続け、ついに小倉の幕府軍に迫っていた。長州藩の強さは早くから西洋式の銃火器の整備などに力を入れていた事が大きい。高杉の采配も見事であった。小倉口では土佐の坂本龍馬も海援隊《かいえんたい》を率いて、参戦してくれた。幕府軍の敗北である。敗北を重ねる幕府は、拘留していた長州の交渉役宍戸たまきと、野山獄から解放され副使となっていた小田村伊之助を釈放して、停戦の周旋をするよう命じたのだ。長州の強さが伊之助の命を救ったことになる。

将軍家茂は幕府軍の敗北の報を聞くと心を痛め、大阪城で没してしまう。その後に登場するのが慶喜であった。

「毛利父子は徳川家の敵である。山口城まで攻め入り長州を倒す」と慶喜は豪語したのだが、小倉城などでの重なる敗戦に為す術もなく、断念した。この時点で長州は幕府に勝利したことになる。

文たちは萩、山口が戦場になるやも知れず、それぞれ覚悟を決めていたのだが、戦いは終焉し、伊之助が自由の身となるという最高の結末となった。女たちはどんな時も平和が好きなのだ。寿は「夫が帰って来る。元気で帰って来る」そう言って、目を輝かして喜んだ。

宍戸たまき（1829〜1901）
長州藩士。前名は山県半蔵。長州征伐戦において、長州と幕府の交渉役として活躍。維新後は山口藩大参事、元老院議官、貴族院議員などを歴任。子爵。

万事がうまく行ったのだが、唯一人、新しい絶望を抱えている者がいた。行き詰まる長州を窮地から救うため、無謀と非難される状況をものともせず、挙兵を決した高杉が病に倒れた。元々、結核を抱えていた高杉である。無理がたたって、喀血して、起き上がれなくなってしまう。その病床で高杉の気がかりはあの望東尼のことだ。

高杉ら、勤王志士を匿った罪で望東尼はその時、福岡藩に捕らえられ、玄界灘の姫島の獄に入れられていたのだ。聞けばその獄は雨風が差し込むひどい環境だと言う。高杉は友人に頼んで姫島の獄を襲わせ、望東尼を救い出して貰うことにした。

高杉の望んだとおり、望東尼は無事、帰って来た。そして今度は望東尼が高杉の看病をする番だ。おうのと共に東行庵《とうぎょうあん》に泊まり込んで看病の日々を送った。そんなある日、高杉が「おもしろき事もなき世におもしろく」とつぶやいた。それを書いて、望東尼に手渡した。望東尼はすかさず「すみなすものは心なりけり」と続けた。

高杉ほど思う存分に生きた者はないだろうに「おもしろき事もなき世」と詠む。それは高杉が息を引き取る数日前のことだった。恐らく、「高杉は俺の人生は面

徳川家茂（1846～1866）
江戸幕府 14 代将軍。紀州徳川家斉順の嫡男。祖父は 11 代家斉。1862（文久 2）年、公武合体策の一環として皇女和宮と結婚。徳川歴代の中で正室ともっとも仲の良かった将軍といわれる。

白かったよ」と言いたかったのだろう。孤軍奮闘で俗論党と戦い、つづいて幕府軍と戦い、長州の危機を救った。やがて倒幕が成し遂げられ、天皇中心の日本国を取り戻すきっかけを作った。いわば時代を切り開いた英雄である。どんな栄誉を与えられてもしかるべきであるだろうに、高杉は病床に臥し、二十八歳の命を終わろうとしていた。見送る者は愛人おうのと望東尼だけ、「それで充分だ」この快男児はあの世に旅だった。

文は高杉の死を知り、夫、玄瑞と仲のよかった高杉の見事な決断により、それが義兄、伊之助の救出につながり、兄、松陰の理想とした尊皇攘夷派が勢力を取り戻したことを喜びながらも高杉のあまりに早い死に涙した。高杉と玄瑞が仲良く、村塾に向かって来た日のことを文は懐かしく思い出していた。「二人の才人が来た」と松陰が喜んでいたことも、まるで昨日のことのように思い出されるのだった。二人の才人は松陰とも出会い、新しい塾の計画でも立てていることだろう。そんな事を文は思っていた。

藩主の気遣いによって、望東尼は小田村家預けということにした。その小田村伊之助は藩主敬親の信頼を受け、再び側近に取り立てられる。その役柄は奥番頭、つまり御用人である。これは側近のトップであった。名前も楫取素彦《かとりもとひこ》となり、諸

薩長同盟
幕末の1866（慶応2）年、京都の小松帯刀邸で締結された薩摩藩と長州藩の政治・軍事同盟。仲介したのは坂本龍馬。

隊参謀を任される。

望東尼は、この小田村の家に寄宿して心静かな日々を送っていた。寿は望東尼の世話をしながら高杉の出兵の話などを聞くのが楽しみであった。そんな時は文もやって来て高杉の話を聞いた。

ある日、伊之助の指揮する船が三田尻の港から出て行った。長州の船に並んで薩摩の船も仲良く出て行く。すでに慶応二年一月、薩摩藩と長州藩が薩長同盟を結んでいた。長州の孤立はもうない。望東尼はそれがうれしい。

あづさ弓　やまとごころのもののふを
猶引き立てて　とくかえれ君

と詠った。

彼女は三田尻港を見下ろす防府天満宮に上り、七日間の断食をして長州の戦勝を祈願した。その無理がたたって病を得、そのまま寝ついてしまった。藩主敬親も心配して藩医を差し向けてくれた。「世の中、変われば変わるものだ」と望東尼は驚いている。

防府天満宮
山口県防府市にある神社。菅原道真を学問の神として祀ってある。京都の北野天満宮、福岡の大宰府天満宮とともに日本三大天満宮のひとつ。防府市はこの天満宮を中心に栄えた町である。

勤王の志士を匿ったという罪を得て、玄海灘の小島に流され雨戸もないあばら屋で雪の夜を泣いて過ごしたのは、ついこの間だというのに、同じ望東尼に対して藩医を差し向けるというのだ。

それというのも高杉の捨て身の挙兵が全てを変えたのだ。勤王の世も間近に来ていることを望東尼は思っていた。

冬ごもり　こらえこらえてひとときに
花咲きみてる　春はくるらし

を辞世の歌として望東尼は六十二年の生涯を終えた。望東尼の病重しの報を聞き、寿は山口から駆けつけていた。その頃、三田尻港からは次々に軍船が出て行った。楫取素彦はその参謀として、奇兵隊など千二百人と共に京に向かって行くのだった。

命を終えようとしている望東尼の応援を受けながら、楫取は出て行く。新しい世を呼び寄せるために戦わなければならない。

# 新しい世

将軍家茂が逝去してまもなく孝明天皇が崩御《ほうぎょ》した。そして十五歳の睦仁親王が天皇に即位する。岩倉具視《いわくらともみ》のように幕府を嫌う公家《くげ》が台頭して来る。太宰府に閉じこめられていた五卿も解放された。そしてついに慶応三年（一八六七）十月十四日、大政奉還《たいせいほうかん》が行われた。しかしこのまま簡単に朝廷に政権が移ってしまうことを恐れた薩長はどこまでも武力倒幕を目指した。

十二月九日、王制復古の大号令を発して天皇を中心とする新政府が樹立された。会津軍を中心とする幕軍は鳥羽伏見の戦いでも敗北、倒幕派が勝利した。明治維新の到来である。

三年前に蛤御門の変で夫を失った文は、なかなかその哀しみから立ち上がれずにいたが、姉寿の夫、伊之助は折に触れ、文を慰めてくれた。新しい時代の到来

岩倉具視（1825～1883）
公卿。明治維新の朝廷側の立役者。堀河康親の次男として京都に生れるが、幼くして「大器」との評を得る。偽勅など薩摩の大久保利通と組んで数々の陰謀を廻らせ、倒幕に活躍した。俳優の加山雄三は岩倉のやしゃご（玄孫）。

は文に生きる希望を与えてくれた。「もう一度生きて見よう」文は哀しみの中から立ち上がった。

文にぴったりの仕事があった。藩の世子、定広の正室である安子のお世話役として出仕したのだ。又、元治二年生まれの嫡子、興丸の養育係も仰せつかり、少年の教育係を任されたのだった。松陰の妹であり、久坂玄瑞の未亡人である文にとって、打って付けの役であったし、やり甲斐のある仕事でもあった。「文ちゃん、大丈夫かい、兄ちゃまは心配だよ」と言う寅兄さんの声が聞こえて来るようだった。

それに引き換え、亡夫は「大丈夫だよ。君なら出来るよ」と至極安心してくれている。

「殿様のご子息をちゃんとお育てしなければ」と身も引き締まるようだった。そんな日々の中で文は里帰りした折に義兄の伊之助から信じられない話を聞かされた。夫、玄瑞の隠し子のことだ。最初はすぐには信じられなかった。

「何かの間違いではないのですか」文は顔を赤くして義兄をみつめた。しかし、「真実であることを認めないわけには行かないのだ」と義兄は苦しそうに言った。その子は夫、玄瑞が死去した元治元年の九月に生まれているという。母親は辰路と

大政奉還
1867（慶応３）年 10 月 14 日、土佐藩の後藤象二郎、薩摩藩の小松帯刀らの強い働きかけで、江戸幕府 15 代将軍慶喜が政権返上を明治天皇に上奏したこと。翌 15 日に天皇がこれを勅許し、政権は朝廷に戻った。

いう芸妓であるという。「その芸妓と夫はどんな関係だったのだろうか」「子をなすほどに親しかったのだろうか」文は初めて嫉妬に苦しんだ。夫が女遊びをしたことに目くじらを立てるような妻ではないつもりだ。当時の志士たちが色街に遊ぶことは常識になっていた。それ位のことは文にも分かっていた。

文が許せないのは夫がその女性とのことを話してくれなかった事なのだ。隠されていたことに腹が立つのだった。自分が玄瑞の子を成せなかったことも、あらためて口惜しいのだ。

聞けば、秀次郎と名付けられたその子は玄瑞の縁戚になる徳佐村の酒造家の家で密かに養育されているという。文は夫の裏切りに怒りながらも、秀次郎の存在を認めないわけには行かなかった。戦場で命を落とす男が、自分の血を継ぐ子を望むのは当然のことだろう。現に、夫もこの世に子を残して行った。それを責める権利は自分にはない。分かっている。分かってはいるが文は口惜しい。松陰の訓戒を受けた妹の自分が何と情けない。

「寅兄様なら私に何とおっしゃるでしょうか」文は亡き兄に又、すがった。「寅兄様、文はどうしたら良いの」眠れない夜が続いた。

そんな文の葛藤をよそに秀次郎は正式に久坂の嫡子と認められ、久坂家の戸籍に入籍されて行く。長州藩がこの子を玄瑞の子と認めたのだ。文もその真実を認めぬ訳には行かなかった。そうなったらもののふの妻らしく、現実を受け止め、久坂家を継ぐ子の幸福を祈ろう、とようやく心の整理を果たすのだった。

この時、文を二重に苦しめる事態が起こった。久坂家の跡継ぎとして姉夫婦の次男、久米次郎を貰い受けていたのだが、「きちんとした後継人が出来た以上、返して欲しい」と申し出られたことだ。それは至極当然のことで、文は拒否することは出来ない。しかし、我が子として六年間も育てて来た久米次郎を手放すことは辛いことだった。

文の苦悩もさりながら、あっちこっちに動かされる久米次郎もたまったものではない。「一体、自分はどっちの子なのだ」と子どもながらに悩むこともあった筈だ。それでも救われたのは、育ての母と生みの母が仲の良い姉妹であったことだ。どちらの家にいても久米次郎は堂々としていた。

一方、嫡子、秀次郎は成長するにつけ、その面影が玄瑞に似て来る。「若き日の夫、玄瑞が立ち戻ったのではないか」と文が思う日もあった。それほど秀次郎は玄瑞に似ていた。

文はこの息子を見ていると、あの日、高杉晋作と久坂玄瑞が並んで村塾の木戸をぐって入って来た時のことを思い出す。

「松陰先生の妹さんだ」と久坂は説明したが、高杉は興味なさそうに「これが名だたる松下村塾か」ときょろきょろしていた。久坂は文に会釈した。「すみません」と言いながら、二人は奥に向かって行った。あの高杉さんが時代の壁を切り開く人になったのだ。

寅兄様が大声で二人を迎えた。村塾の白壁に夕陽が照っていた。そんな事まで文は思い出すのだった。

一方、秀次郎は性格も穏やかで、新しい環境にもすぐ慣れた。秀次郎の実母、辰路はそれを見届けてから安心して、自分の立つ瀬を考えた。文が聞いた話では辰路は以前から話のあった豪農の竹岡甚之助のもとに嫁いだそうだ。これは角屋十代中川徳右衛門と桔梗屋の女将の世話であったと言うことだ。文にして見れば夫と関わりのあった女性の幸せを祈らないではいられなかった。しかし、文はついに辰路に会うことはなかった。その人と共に夫の思い出話をしてみたいと思う時もあったが、ついに会うことはなかった。

何と言っても文はまだ二十六歳だった。二十六歳の文が哀しみも苦しみも耐え抜いて、新しい一歩を踏み出して行こうとしていた。そんな文を立ち直らせたの

廃藩置県
1871（明治4）年に明治政府がそれまでの藩を廃止して地方統治を中央官下の府と県に一元化した行政改革をいう。

は仕事だった。人の役に立つこと、それが文を立ち直らせた。文はまず自分の名を美和子と変えた。兄の松陰は事あるたびに「これからの女はしっかり学問をして世の中に出て行かなければならない」と言っていた。

文は美和子と改名してまで生き直そうとした。辛いことや、いやな事は過去に追いやってしまう強さがあった。ここからは本書も美和子を使わせて貰うことにする。

美和子は自分の職場に戻り、藩主の子息の世話に精を出すが、明治維新の成立、廃藩置県《はいはんちけん》によりその仕事もなくなってしまう。その上、義兄一家にも異変があった。明治新政府に出仕していた義兄、楫取素彦は制度寮掛を拝命するが、まもなくその役を解かれてしまう。一体、何があったというのか。この時期、倒幕に身を投じた者はいわば論功行賞《ろんこうこうしょう》として出世が約束されていた。楫取は鳥羽伏見の戦いにも従軍し、長州藩のために奮戦したのだ。それなのに楫取は職を外されてしまう。

一体、何が悪かったのか。実は楫取はあまりにも藩主敬親に信頼されすぎたのだ。藩主は楫取を手元に置きたくて中央政府に出て行くことを好まなかった。楫取は藩主に乞われるままに藩主と共に山口に帰った。明治二年、長州は版籍奉還《はんせきほうかん》

版籍奉還
1869（明治２）年、日本政府によって行われた中央集権事業。諸大名が天皇へ領地（版図）と領民（戸籍）を返還した。

をした。幕府から預かっていた領地を天皇に返すのだ。そんな事はどこの藩も行っている。そうした実務をこなす役割を藩主から任され、楫取は藩主と共に明治天皇にも謁見している。藩主はどこまでも楫取を信頼していた。だからこそ権大参事《ごんのだいさんじ》（現在の副知事）の役も頂いた。

　美和子は義兄の昇進を喜んだ。姉、寿の幸せはそのまま自分の幸せであり、杉家の幸せであった。「寅兄様、お義兄さまが偉くおなりですよ」美和子はまず松陰の墓前に報告をした。そしてあれだけ苦難の時を送り、維新の功労者と認められた楫取素彦が失脚する日が来るとは誰も思わなかった。

　着実に新しい世の牽引役をまっとうするかと思われていた楫取がある日、失脚してしまう。青天の霹靂《へきれき》であった。沈着な楫取がどんな失敗をしたというのだろうか。美和子は驚いた。多分、楫取があまりにも藩主の信頼を受けたことが周囲の者の嫉妬を買ったのだろう。東京に出て要職についた伊藤博文や木戸孝允、井上馨らと意見が合わず孤立していったこともあった。

　しかし、楫取は堂々と身を引き、寿と共に田舎に引っ込み百姓仕事を始めるのだった。明治四年の春だった。楫取夫婦は長州三隅村の片隅に隠れ住んで、野良を相手の日々を送り始めた。そんな時、楫取は拗ねているわけでも、世を恨んで

井上馨（1836～1915）
高杉晋作、伊藤博文らとともに倒幕のため活躍。維新後、外務大臣、参議、内務大臣など数々の要職を歴任した。侯爵。

いるわけでもない。むしろ喜々として妻を伴って、新しい暮らしを始める風に見えた。

「松陰先生もいつも土の恵みについて語られていた。人間の本源は土にあると申された。今それを実体験出来るのだ」と楫取は胸を張って農家の人々の中に入って行った。美和子はそんな義兄を見直した。この義兄が好きになった。

世の中は、長い徳川幕府の体制を戊辰戦争の敗北と共に幕引きをして、明治政府を樹立した。天皇中心の政治は目新しく、民衆も浮き立つような新鮮さを味わっていた。「ごいっしん」と呼んで新時代を受け止めた。

そんな世の中をリードするのは当然ながら長州、薩摩、土佐、肥前の倒幕派であった。中でも長州の手に入れた権限は大変なものであった。「薩長閥」の掴んだ実権はまことに大きかった。その栄光の浴にも背を向けて、新しい生き方を楫取は撰ぼうとしている。

美和子は山間の小さな村でひっそりと農業に生きる姉夫婦を尊敬した。もっとすごかったのは、姉の寿がこの小さな村に浄土真宗を広めようとした事だった。浄土真宗は元々、美和子たちの母、お滝が信仰していたものだ。野良に生きる人々はやみくもに唯、働く日々だった。

寿はそんな村人の為にお堂を建て、近所の寺の住職を招いて、法話を聞かせた。希望のなかった村人に光を与えることに尽力した。そんな姉を美和子は尊敬するばかりだった。

美和子は何度となく三隅村を訪れ、姉夫婦の暮らしを見た。夫婦が田舎に引っ込んだ時、楫取が四十二歳、寿が三十二歳だった。すでに息子たちは自立して夫婦二人の暮らしだった。

寿が生き生きと村人のために動きまわっている姿を見て、そのつど美和子は感心した。義兄も田舎暮らしに満足しているように見えた。美和子はこの夫婦が好きだった。落ち着いていて、しっかりと深い所で結びついている。美和子にとって理想の夫婦だった。

それに引き換え、よそに女を作り、子まで生していた我が夫があらためて憎い。「いいなあ、寿姉ちゃんは」と思う。それに引き換え、いつまでも夫の所業から抜け出せない自分が不甲斐ない。「姉ちゃんを真似しなくてはならない」

美和子は、どんな境遇にいても、ちゃんと自分の生き方を貫く姉をまぶしい気持ちで眺めるのだった。

やがて、そんな姉夫婦に変化が生じた。楫取の突然の任官である。明治政府は人材不足であった。楫取のような維新の功労者であり、しかも見識のある人物を放っておくわけがないのだ。

明治五年、楫取は突然の命令を受け、足柄県の役人として任官することになった。寿は三隅村に留まり、自分の仕事をした。寿の仕事が軌道に乗って来たので動けなかったのだ。

楫取は単身、足柄県に赴任して行った。彼に与えられた役職は地方の下級官吏だったが、そんな事はどうでも良い。中央集権の政府を支えるのは地方の充実であると信じて、彼は目の前の仕事をこなした。「農業も良いがやっぱり男は仕事だな」楫取は水を得た魚のように赴任地に向かって行った。

官吏として、楫取が明治五年、足柄県で復帰を果たした二年後、参事に就任し、熊谷県の県令になる。寿は夫を追うようにして熊谷にやって来る。夫婦にとって初めての関東暮らしの始まりだった。美和子が訪ねて行くと、寿は目を丸くして「萩のやり方とは何もかもが違うよ」と言っていたが、すぐに新しい環境に慣れて夫の仕事の手伝いをしている。田舎では村人に宗教を与えた寿がここでは官吏の夫の秘書役をこなしている。美和子はびっくりしてしまう。良く出来た姉を持ったことをあらためて知るのだった。

熊谷県はやがて統合されて群馬県となるが、当時、現在の群馬県と埼玉県の間にあった。明治政府が目指したのは富国強兵であった。その為には殖産興業の発展が必要だった。群馬は生糸の生産地で、それは輸出品の重要な品であった。つまり生糸は外貨を稼いでくれる重要な製品であった。官立の「富岡製糸場」が建てられ、国は外国人技師を招いて技術の導入と女工の養成をはかった。

その群馬の県令となったのが楫取であった。早速楫取は手腕を発揮する。県庁を高崎から生糸商人たちの拠点である前橋に移したのも楫取だった。

一方、県令夫人として群馬にやって来た寿がここでも浄土真宗の布教活動を開始した。しかし、この土地では浄土真宗はなかなか受け止められず、寿は苦戦していた。それでも寿はめげない。山口県から青年僧を呼んで根気良く布教を続けたところ、会員は増え始め続け、関東一円に広がり、全国に会員が増えた。東京に本部が出来た。寿の夢はかくも見事に結実するのだった。県令夫人としてのんきに暮らしてもよかったのに、寿は自分の目的のために走り続けるのだった。

美和子はそんな寿の行動を知ると、又しても適わないと思うのだった。もとはと言えば、寿が浄土真宗にのめりこんで行ったのは母お滝の影響だった。

杉家に嫁いで来て松陰のような息子を持ち、苦難の道を歩いたお滝だったが浄

富岡製糸場
1872（明治５）年に、群馬県富岡市に設立された日本初の本格的製糸工場。創業当時の繰糸所やまゆ倉庫などが現存していて、2014（平成 26）年に世界遺産に登録された。

土真宗に救われた。それを見ていた寿は、自分もその宗教を信仰するようになったのだ。そして自分が信仰するばかりでなく、周囲の人々にも布教して教えを広めて行った。美和子も同じように母の信仰振りを見ていたが、姉のようには行動出来なかった。

「これからの女は何かをしなければならない」と常に言っていた兄、松陰の言葉をきちんと守り、自分の道を歩いている姉、寿の生き方は見事という他はない。「かなわないなあ」と思うのだった。

美和子はこんな話も聞いた。のちに駐日アメリカ大使ライシャワー夫人となる松方ハルの母方の祖父、新井領一郎《あらいりょういちろう》が若き日、渡米の前に群馬県令の楫取家を訪れた時だった。その時、県令夫人が餞別《せんべつ》として新井に授けたものは美しい短刀だった。驚いている新井に「これは兄、松陰の形見です。兄は太平洋を渡って世界を見たいと夢見て、適わなかったのです。兄の魂であるこの短刀を携えて太平洋を渡って下さい」と県令夫人、寿は言ったというのだ。何と立派な所業、そして見事な挨拶であるか。同じ妹でありながら自分はそんな事にも気付かなかった。

「寅兄様、ようやく太平洋を渡れますね」文はそうつぶやいていた。吉田松陰の魂を託されて渡米した新井は日本の生糸の発展のために学び、日米の懸け橋とな

エドウィン・ライシャワー（1910〜1990）
アメリカの東洋史研究家。ハーバード大学教授。1961（昭和36）年から1966年まで駐日アメリカ大使を務めた。妻は明治の元勲松方正義の孫ハル。

るのだった。

「姉さまは凄い」美和子は寿が兄、松陰のことを忘れず、その精神を学び続けていることを知るのだった。

「それに引き換え、私はなんとちっぽけなのだろう」美和子は萩の杉家にいて、年取った母の世話などをしていた。それが自分の身の丈《たけ》に合った仕事だと思っていた。少しも不満はなかった。ただ時々、輝いている姉がまぶしく思えるのだった。そんな美和子の元に義兄からの連絡があった。寿が病に倒れたと言うのだ。

明治十年春先のことだった。「お前、早く行ってやりなさい」母に言われて、美和子は楫取家に駆けつけた。寿は三十九歳だった。突然、手足が動かなくなったのだという。義兄はおろおろしてしまってどうして良いか分からない様子だった。

美和子は、ふとんから起き上がることも出来なくなった寿の身の回りの世話をした。義兄の食事の世話もした。「自分も役に立つのだ」それがうれしかった。だが、寿の病は原因も分からず、悪くなる一方だった。「お姉さん、忙し過ぎたのよ。ゆっくり休めば、すぐによくなりますよ」美和子は姉を励ますのだった。

楫取は外国人医師を呼んだり、電気療法を試みたりするがさっぱりよくならな

新井領一郎（1855〜1939）
群馬県桐生市生まれ。生糸貿易の将来性に着目し、兄、星野長太郎と力を合わせニューヨークに進出。「生きた生糸貿易の歴史」と称された。在米日本人とアメリカ人の交流団体「ジャパンソサエティ」の創立者の一人。

い。そこで寿を東京に移して、より近代的な医術が施されることになった。美和子は姉に付き添って東京に出る。寿を船に乗せて江戸川を下る。病人は寝たままだ。「空が青いね」とか「文ちゃん、済まないね」などと言う。姉は美和子の名を文と昔のままで言った。

東京麹町の家は久米次郎宅だった。美和子には久しぶりに会う久米次郎だった。母と子は懐かしく見つめ合うのだった。久米次郎はすでに社会人だったし、妻もいたが、美和子を見るなり、涙ぐんでいる。

「お母さん、お久しぶりです」美和子も涙がこぼれた。夫の隠し子秀次郎が出現するまで七年間、この母と子は共に暮らしたのだ。幼かった久米次郎が美和子の膝によじ登って来た日が昨日のようである。「あなた、立派になって」と美和子は又、涙ぐむ。

「はよ、はよ、大きくなれ」と亡き夫、玄瑞がこの子に言った日が懐かしく思い出される。

今はこの子の実母である姉、寿の快復のためにこの久米次郎の家で頑張らなければならない。確かに医療は東京の方が優れていた。寿の体調は少しばかり好転した。美和子たちは喜んだ。ところが病状は急変した。群馬から楫取も駆けつけた。もう寿の死は迫っていた。

「存分に生きたわ。ありがとう」寿は死に直面しても凛《りん》としている。手足が不自由で遺言を書くことも出来ず代筆させるほどだったが、死の前日、沐浴をして、衣類を全て改めていた。「病篤きに至るも言語は明晰なり。端座して逝く」とその寿の最期を記されている。

美和子は立派な姉が死に至る際も、非の打ち所のない気品を見せたことに胸打たれていた。「やはり、信仰をお持ちの方は違いますね」と集まった人々は口々に言った。

「かなわない」と美和子は又、思うのだった。明治十四年二月の寒い日、県令夫人として寿は逝った。享年四十三歳であった。病に倒れてから四年、最後は病と闘う日々だった。周囲の人にきちんと礼を言って、寿は去って行った。こういう場合、去って行く者より残された者の方が辛いのだ。夫、楫取の喪失感は周囲を心配させるほどだった。

自分の目標であった姉、寿を失った美和子も気落ちした。寿という女性は一家にとってそれほど大きい存在だったのだ。暫く、誰も何も言わなかった。それぞれがそれぞれに去って行った寿という女性のことを思っていた。

しかし、楫取はいつまでも亡妻のことばかり考えているわけにも行かなかった。百カ日を期して青山墓地に埋葬して前橋に帰った。公務が山のようにたまっていたのだ。明治の男は私より公なるものに重きを置いた。百カ日、妻に寄り添ったことが楫取には精一杯だった。

東京にいて、こまめに墓参りをし続けたのは美和子であった。楫取は暇をみつけては東京に出て来て、墓参をした。そんな楫取が、美和子に心を寄せて行ったのはごく自然な成り行きだった。空白になってしまった心の隙間を埋めてくれるのは、亡妻の妹の美和子しかいなかった。寿の死後、一年を経て、楫取は思い切って美和子に求婚をした。

この時、楫取、五十五歳。美和子は四十一歳だった。楫取は妻の妹を再婚相手にすることや、年齢が離れていることに気後れがしていた。それでも、自分の再婚相手は美和子のほかにないと思っていた。

美和子の方にしても、もともと義兄楫取を尊敬していて、好きだった。夫を亡くしてもう十七年になる。楫取の求婚をすんなり受けても良いのではないかという気持ちもあった。

それでも躊躇するのは亡夫の遺した手紙の束だった。美和子は苦しい時、悲しい時、この手紙を読んで慰められて来た。隠し子事件以来、夫に怒りを感じていたのだが、ふと手紙を取り出して見ると亡夫の優しい心に触れることが出来た。美和子が玄瑞に嫁いだのは十五歳、夫の玄瑞は十八歳だった。幼い夫婦は何も分からずに新生活に入ったものだ。その二人が歴史の渦に巻き込まれ、苦悩しつつ、大人になって行った。その二人の心をつないだものがこの手紙の束だった。

そして、今、美和子の再婚を阻むものがこの手紙の束だった。先夫に心を残したまま、再婚することに美和子は戸惑いを感じるのだった。その事を率直に楫取に話して見た。「あなたはその久坂さんの手紙の束を持って、僕のところに来て下さい。出来れば、僕もそれを読ませて頂きたい。久坂さんのお考えを知りたいと思うのですよ」というのが楫取の答えだった。そこまで言って貰って美和子は大きく気持ちが動いた。

そんな美和子の背を強く押してくれたのが年老いた母のお滝だった。もう八十歳を越えていたお滝だが、この縁談に大乗り気だった。「文」と母は昔ながらの名で呼んだ。「考えても見なさい。この世には双方に好都合という話があるものです」と母は言う。

「文にとってはこれからの一生を寡婦《かふ》のまま生きるのはあまりに寂しい。実子もなく、夫の隠し子が家の相続をする。文の孤独は目に見えている。再婚すべきです」いつもながら母の言うことは理に適っていた。

「もう一つ、楫取さんにとっても、県令として人様の前に出る時は夫人が必要なんです。文が断れば、どこからかお相手を探して来るでしょう。そうなれば楫取さんは全く他人になってしまう。寿姉ちゃんは悲しむでしょうよ」

母の言うことは一々、納得が行くのだった。

その上、母はこんな事も言った。「文や、お前はもう幸せになってもいいだろうよ」母の言葉は昔、貧しい暮らしの中で無理をしてお風呂を沸かしてくれた暖かさを思い出させてくれた。「松陰兄さんだってこの話には賛成されるだろうよ」母は最後にこう言った。

その一言が美和子の決意を固めた。「自分の幸せだけでなく、義兄のために自分が役立つのならば、生き直してみようか」と思い始めていた。

暫くして美和子は、亡夫の手紙の束を抱えて楫取に嫁いで行った。明治十六年春、うららかな日の照る良い日だった。

「もう一度生き変えて見る」そんな気持ちで美和子は群馬に向かって行った。再婚でもあるし、二人ともいい年になっていたから、式とか披露宴は止めていきなり生活を初めてしまおうと楫取は言った。「そうしましょう。そうしましょう」美和子も大賛成だった。

元々、姉の家だったのだから台所の包丁の位置まで分かっていた。嫁いだその日から、食事の支度も何もかもすることが出来た。ただ姉の手伝いであった時と確実に違うのは、今は自分がここの女主人なのだということだった。まもなく萩の杉家から美和子の荷物が届いた。美和子の二度目の結婚も問題なくスタートした。

美和子が一番うれしかったのは、楫取が美和子の持参した玄瑞の手紙を丁寧に読んでくれたことだった。「君の前夫は偉い人だった」と楫取は感心する。楫取と玄瑞は義兄弟でもあり、共に村塾の松陰の弟子であったのだから、いわば同志であった。同じ理想に向けて走った仲間であった。

玄瑞の美和子への便りはあの時代の息苦しい暮らしの中で苦悩していた仲間の心に触れるものであったのだ。美和子が持参した手紙の束はいつの間にか楫取の愛読書になってしまった。

美和子との結婚の翌年、楫取は十年勤めた群馬県令を退任した。群馬県の発展の基礎はこの十年で見事に果たしていた。悔いはなかった。ここで公職から引退するつもりだったのだが、すぐに華族の栄誉を与えられ、男爵となる。しかも二十三年には貴族院議員に当選してしまう。美和子はそんな楫取の栄誉を目を丸くしてみつめるばかりだった。楫取も、かつて夫を亡くして落ち込んでいた義妹をいまは幸せにしてやれたことを喜んだ。

「母さん、お陰で文は幸せになりましたよ」美和子は母にまず感謝の気持ちを伝えた。

その母は美和子の幸せを見届けて、安心して八十四歳の生涯を閉じた。美和子たちが東京に出た年のことだ。

その頃、明治の世も落ち着いて来ていた。初代首相となった伊藤博文は松下村塾の門下生だったこともあり、この時期、松陰の評価が上がっていた。明治という新しい時代を創った先駆者として松陰の存在がクローズアップされていた。

そんな矢先である。明治二十二年のことだ。明治天皇のお后《きさき》より杉家にお使いが来た。「松陰の老母に些少《さしょう》の品なれど遣わしたい」とのメッセージつきで白縮緬《ちりめん》一匹(二反)が届けられたのだ。仲介をしたのは村塾出身の品川弥二郎であった。品川は松陰の手で掬い上げられ、学問を身につけ、内務大臣にまで出世したのだ。お后からの申し出は有り難かった。

品川弥二郎(1843〜1900)
長州藩士。政治家。長州藩の足軽の子として生れる。松下村塾に学ぶが、松陰刑死後は高杉らとともに尊皇攘夷運動に奔走。戊辰戦争では奥羽鎮撫総督参謀として活躍。維新後は枢密顧問官、内務大臣などを歴任。子爵。

そして、そんな杉家の栄光を美和子はうれしく聞くのだった。

「寅兄様、やっと兄様の時代が来ましたよ。いつもどんな時も寅兄様のなさる事を母様は心から応援してましたよ。兄様と　母様は一つなのですね」

その母、お滝が明治二十三年、八十四歳の生涯を閉じた時、皇后は杉家に金百円を下賜《かし》された。皇后からの贈り物はあの世に旅立つお滝の何よりのはなむけとなった。その事を美和子ももちろん喜んだ。一家が沈み込む時は太鼓を叩いて励ました母の若き日を美和子は思っていた。

しかし、母お滝が逝ってしまうと、美和子の身辺は急に寂しくなった。その上、重ねて悲しいことがあった。我が子として寵愛した久米次郎の突然の死の報せだった。「若い久米次郎が何故、私より先に逝ってしまうのよ」美和子は夫と共に泣いた。

久米次郎は夫にとっても実子だった。才人の久米次郎は官庁を渡り歩いたが、体が弱く、長続きしなかった。一時は出世を諦めて農業をしたこともあった。実父の楫取も不運な時や体の不調な時は、農民に混ざって田畑で生きたと聞いている。むしろ喜々として久米次郎は田舎に引きこもった。

しかし、その久米次郎がその能力を買われ、台湾に赴任することになった。日清戦争の勝利によって台湾は日本の領土と認められた。台湾総督府が設けられた。久米次郎はここに派遣され、地元の子ども達に日本語を教える仕事を担当させられていたが、ある日、地元の土匪《どひ》に襲われ、同僚と共に殺害されたのだという。「まだ三十九歳だったのに。妻も子もあり、将来が約束されているのに」美和子は我が子の無念の死に泣いた。「早よ、早よ。大きくなれ」とこの子の成長を楽しみにした前夫、玄瑞のことまで思われた。

肉親との別れは辛いことだったが、美和子はいつも前を向いて、進んで行く。そうすることが、命を落とした身内の人々に報いる手だてだと美和子は思っていた。楫取も前進していた。貴族院議員であった楫取が宮中顧問官に任命される。その後、明治天皇の第十皇女、貞宮の養育がかりとなった楫取は美和子の手助けを受けて、この仕事に邁進した。

二人は貞宮御殿に住み込んで、時には嫁たちも動員して貞宮の養育をした。美和子はその愛らしい姫様が日に日に成長される様子がうれしい。ところが、貞宮の命は三歳までであった。楫取は貞宮の葬儀の指揮一切を引き受け、無事姫様を見送ることが出来た。

又しても目標を失った楫取夫妻は人生の終末は懐かしい郷里で過ごそうと考

え、楫取の郷里防府に豪邸を建てて、夫妻は暮らし始めた。それはまるでお城のような家だった。

この家を見た美和子は「これは誰の家なの？」と思わず聞いてしまった。「我々のついの住みかだよ。気に入ったかい」

歳月は過ぎて行く。とめどなく流れる川に似て歳月は通り過ぎて行く。明治天皇崩御と共に明治は終わった。その頃、楫取素彦も病床にいた。八十四歳になっていた彼は「帝《みかど》、どうか私もお供をさせて下さい」と防府の自邸にいて、殉死《じゅんし》を願っていた。楫取ばかりではない、乃木希典《のぎまれすけ》夫妻も天皇の後を追ったという。明治天皇の下で新しい時代を創り、強い日本を目指した乃木の殉死は日本中の涙を誘った。楫取も二週間後、息を引き取った。

楫取男爵の葬儀は華やかなものだった。両陛下からのお下しもの、千五百円、皇太后より五百円を賜う。美和子は楫取の喪儀の列にいてこの人の激動の生涯を思い、姉、寿の分も涙した。

あれから九年、大正十年、美和子は防府の自邸にいた。美和子は七十九歳になっていた。春の日だまりの中で、美和子はじっと座っていた。誰も彼も居なくなっ

乃木希典（1849〜1912）
長府毛利藩士。陸軍大将。日露戦争で第三軍司令官として旅順攻囲戦を指揮。のち学習院院長。明治天皇大葬の日、妻静子とともに殉死。

た。「私だけが何故か生きている」庭先のすみれの花を見ていた。「揺れ動く時代の流れの中では」と美和子はつぶやく。「私は庭の隅に咲くすみれのようなものだ。あんまり小さくて、大人しいものだから、神様は私を見落としておられるのだろう。それでうっかり、私を生き続けさせてしまったのかも知れない」美和子はそんな埒《らち》もない事を考えていた。

そして静かに目をつぶると遠い日の風景が見えて来た。美和子が文と言う幼子であった頃のことだ。松本村の田の畦道を小さな文が走っている。「寅兄ちゃま、待って、待って」走って行くと寅兄様は両手で文の体をまるごと抱き留めてくれた。あれもこんな春の日だった。畦には花が一杯咲いていたっけ。

寅兄様は松下村塾を創り、沢山の人材を育てた。吉田松陰となってからの寅兄様はずんずん偉くなって、遠い世界の人になってしまった。偉すぎる兄を持った妹はただ、うらうらとした陽の光りを浴びていた。この日から暫くして、楫取美和子はあの世に旅立った。

庭には、ひともとのすみれの花が咲き残っていた。

# あとがき

松陰の妹、文は兄の背中を見て育った。いつもお手本の兄がいてくれる。それが文の安心であった。妹はいつも兄の大きさと偉さに圧倒されている。吉田松陰の崇拝者は、門下生たちを始めとしてひきも切らない。松陰の死後もこの人から学ぶ者はいくらでもいる。しかし、文はそれらの松陰崇拝者の誰よりも早く、松陰を尊敬し、この人から学ぶことの出来た者であった。

私は長女として生まれたので、残念ながら、兄という人を持たなかった。だから妹にもなれなかった。文が羨ましい。日本一の兄を持った文という妹はどんなに得意になってもよかったのだが、文は謙虚な人だった。いつも兄や姉の後ろにいて、「兄ちゃんはすごいなあ」「姉ちゃんはすごいなあ」と感心ばかりしていた。

明治になって吉田松陰の名が大きくなって、松陰の母に皇后陛下から白縮緬一匹が下賜された時も文は平然としていた。とりわけ、驚きもせず，へりくだりもせず、胸を張って母と共にそれを頂いた。名誉なことだが、これは兄様への頂き物なのだと母も文も思っていた。兄様のためにその栄誉を喜んだ。

松陰の一生については沢山の人が書き残している。どの著も素晴らしい。「みんな松陰が好きなんだなあ」と思いつつそれらを読んだ。「日本人のお手本となるべき人だ」と書く人もいた。子どもたちの読む「偉人伝」の中にもちゃんと入っている。そんな偉い兄さんを持ってしまった文はいよいよ身を縮める。一方、「私の松陰は松本村の畦で野良仕事をしながら勉強していた兄様なのよ」と文はいつも胸を張る。

しかし、この兄と妹の生きる時代はあまりにも苛酷であった。義のため、国のために立ち上がる兄を支えたのは家族だった。家族の目にはこの子はひ弱な、泣き虫の次男坊に過ぎなかったが、彼は出て行く。出て行ったまま、彼は三十歳の命を刑場の露と散らしてしまう。両親の夢に現れて、彼らしい別れを告げて行く。

彼の残した有名な言葉がある。「人の寿命に定まりはない。十歳で死んだ者には十歳の中に四季が備わっており、二十には二十の四季、五十、百にはそれだけの四季がある。寿命の長さではない。三十歳で死ぬ義卿（松陰の字《あざな》）にも四季は備わっており蒔いた種は花を咲かせ、実を結んだのだから悲しむことはない」そう言って彼はこの世を去った。

文は兄の残した言葉を繰り返し思い浮かべた。「兄ちゃんは私にどんな種を蒔いてくれたの。何にもないように思うけど」その頃はまだまことに情けない妹ではないか。

その文は最初、松下村塾の優等生、久坂玄瑞に嫁いだ。久坂は「蛤御門の変」で戦死してしまう。後に姉の寿が死去した後、楫取素彦に再嫁する。もう戦乱の日々は去り、明治という新しい時代が来ていた。男爵となった楫取の令夫人としての幸福と安らかさ、そして豊かさを文は手に入れた。その文、最後まで慎ましく、ひっそりと暮らした。「兄ちゃまが私に蒔いてくれたのはこれだ」と晩年の文は思っていた。「少しも偉ぶらず、しかし卑下もせず、いつも胸を張って生きるやり方を兄は私に授けてくれた」と文は思う。

妹になれなかった私はもう一度、文を羨ましいと思った。私も兄ちゃまに種を蒔いて欲しかったと思うのだった。又、「松陰の妹」の時代は激動の日々だった。時代が大きく変わる時には、松陰のように犠牲となる命が必要なのだということを知らされた。しかもそれはとびきり優秀な命でなければならない。そんな時代と神に見込まれ、犠牲にされた松陰の人生を書きたいと思った。うまく書けていたかどうか今、心配している。

いつものように出版のチャンスを下さった北辰堂出版会長の今井恒雄氏に心からの感謝を申し上げます。

新井恵美子

## 松陰・文 年譜

天保元年（一八三〇）　父百合之助、母滝の次男として杉寅之助（吉田松陰）長門国萩松本村で誕生。

天保三年（一八三二）　妹千代生まれる。

天保五年（一八三五）　叔父吉田大助の仮養子となる。

天保六年（一八三六）　叔父大助病死により正式に山鹿流兵学教授の吉田家の養子となるが、幼少のため杉家で養育され、家業は門人が代理する。

天保七年（一八三七）　大塩平八郎の乱おこる。

天保九年（一八三八）　家学教授見習いとして明倫館に出仕。わずか9歳。妹、寿生まれる。

天保十一年（一八四〇）　藩主毛利敬親の前で『武教全書』を講義してその見事さが話題になる。清国でアヘン戦争おこる。

天保十二年（一八四一）　馬術、槍を学ぶ。妹艶生まれるが、早世。

天保十三年（一八四二）　ふたたび、藩主に講義する。寅之助の後見人で叔父玉木文之進が新道の自宅で松下村塾を始める。兄民治（梅太郎）と寅之助ここで学び始める。

天保十四年（一八四三）　妹、文生まれる。父百合之助、百人中間頭兼盗賊改方となる。

弘化元年（一八四四）　寅之助十五歳、藩主の前で『孫子』を講じ賞与として『七書直解』を頂く。山田宇右衛門より海外と日本のあり方を学ぶ。

弘化二年（一八四五）　弟敏三郎生まれる。生まれつき聾唖者だった。寅之助十六歳、山田亦助より長沼流兵学を学ぶ。

弘化三年（一八四六）　米艦、英鑑など盛んに来る。開国を要求されるが幕府は拒絶する。

嘉永元年（一八四八）　寅之助十九歳、家学後見人が解かれ、独立の師範となる。佐久間象山、大砲を鋳造する。

嘉永三年（一八五〇）　寅之助二十一歳、九州遊歴の旅に出る。平戸、長崎、熊本、を四ヶ月間、周遊する。宮部鼎蔵と会う。

嘉永四年（一八五一）　藩命により江戸に行く。山鹿素行、佐久間象山の塾で学ぶ 十二月過書を待たずに東北方面への旅に出て、脱藩を余儀なくされる。これは友情を貫いたため。水戸を皮切りに白河、会津、新潟、秋田、弘前を経て、青森、盛岡、仙台、米沢を南下して江戸にもどる。江戸にもどると藩命により帰国、自宅謹慎の身となる。これは脱藩の罪。この年から松陰という号を使い始める。

嘉永五年（一八五二）　寅之助に諸国遊学の命が下り、江戸に出る。この年、六月、ペリー艦隊浦賀に来航。ロシアのプチャーチン長崎に来航。幕府あわてる。諸侯に意見を募る。寅之助、浦賀に直行する。海外に出ることを決意し長崎に露船を追うが間に合わない。この年、松陰二十一回猛士の号使い始める。

嘉永六年（一八五三）　ペリー再度、江戸湾に来航、寅之助は外国事情を知りたくて鎖国の国禁を犯し、米国行きを画して下田に金子重之輔と向かう。ペリーに親書を手渡すが乗船は拒否され、自首する。伝馬町の牢に入れられる。その後、寅之助らは強制帰国。寅之助は野山獄に入れられる。金子は岩倉獄にいて病没。獄中で『孟子』の講義を始める。

安政四年（一八五七）　十一月、杉家の宅地内に八畳一間の塾舎を作る。松陰、幽室を出て、塾生たちと共同生活を始める。妹文は久坂玄瑞と結婚。

安政五年（一八五八）　三月、増築を終えて一八畳の塾舎を得る。松陰の考え方を危険視した藩によって野山獄に入牢させられる。日米修好通商条約を調印する。

安政六年（一八五九）　五月二十五日、幕府の命を受け、江戸に護送される。六月二十五日、江戸着。七月九日、取り調べののち、伝馬町の獄につながれる。十月二十六日、『留魂録』を書く。翌日二十七日、死罪となり、刑場の露と消える。松陰、三十歳。この年、幕府、神奈川、長崎、函館三港を開き貿易を許す。

万延元年（一八六〇）　勝海舟ら咸臨丸でアメリカに渡る。条約批准交換のため。三月、桜田門外の変で井伊直弼殺害。

文久二年（一八六二）　坂下門外の変、生麦事件。会津藩主松平容保、京都守護職に任命さる。皇女和宮降嫁。十二月、高杉晋作ら品川御殿山の英国公使館、襲撃。

文久三年（一八六三）　新選組誕生。五月、長州藩、下関で外国船砲撃。玄瑞、京都から下関に向かう。六月、高杉、奇兵隊編成。七月、薩英戦争。八月、八月十八日の政変。

元治元年（一八六四）　六月、池田屋騒動。七月、佐久間象山、京で暗殺される。禁門の変（蛤御門の変）の際、久坂玄瑞死去。文の姉寿の夫小田村伊之助 座敷牢に入獄される。第一次長州征伐の勅命。八月、英、米、仏、蘭の四国の連合艦隊、下関を襲撃。長州藩、降参する。十月、長州藩、幕府に恭順、謝罪。長州藩内では恭順派が力を持ち始める。

慶応元年（一八六五）　一月、高杉晋作、馬関で挙兵。五月、第二次長州征伐発令。

慶応二年（一八六六）　一月、薩長同盟成立、十二月、慶喜将軍になる。

慶応三年（一八六七）　大政奉還。高杉晋作病没（二十八歳）。小田村伊之助、藩主に信頼され、側近のトップになる　楫取素彦の名を賜る。

明治元年（一八六八）　鳥羽伏見の戦いで倒幕軍勝利。明治維新なる。幕藩体制解体。文、長州藩の世子定広の正室安子の奥向き御用に出仕。

明治二年（一八六九）　玄瑞の隠し子発覚。

明治十五年（一八八二）　文の姉、寿病没。（四十三歳）文あらため美和子（四十一歳）、義兄の楫取素彦（五十五歳）と再婚す。楫取は群馬県令から元老院議員に任じられ夫妻は東京に出る。その後、貴族院議員になり、華族となり、男爵となる。

明治四十四年（一九一一）　明治天皇崩御。二週間後、楫取素彦死去。（八四歳）

大正十年（一九二一）　楫取美和子（七十九歳）死去。

【参考文献】

1、松陰―その叛逆の系譜　　栗原隆一
2、吉田松陰　　二神俊二
3、吉田松陰　　海原徹
4、吉田松陰に学ぶ　海原徹
5、エピソードでつづる吉田松陰　　海原徹・幸子
6、吉田松陰　　奈良本辰也
7、兵学者 吉田松陰　　森田吉彦
8、草奔 吉田松陰　　寺尾五郎
9、吉田松蔭　吟遊詩人のグラフィティ　　古川薫
10、世に棲む日々　　司馬遼太郎
11、吉田松陰　　田中彰
12、吉田松陰　　福川祐司
13、吉田松陰を語る　　司馬遼太郎×奈良本辰也
14、知られざる「吉田松陰伝」　よしだみどり
15、文・花の生涯　　楠戸義昭
16、久坂玄瑞文書　　妻木忠太
17、男爵・楫取素彦の生涯　　毛利報公会

ウェブ上における各地方自治体のホームページ、ウィキペディアなども
参考、引用させていただきました。

新井恵美子（あらい えみこ）
昭和 14 年、平凡出版（現マガジンハウス）創立者岩堀喜之助の長女として東京に生まれ、疎開先の小田原で育つ。学習院大学文学部を結婚のため中退。日本ペンクラブ会員。日本文芸家協会会員。平成 8 年「モンテンルパの夜明け」で潮賞ノンフィクション部門賞受賞。著書に「女たちの歌」（光文社）、「岡倉天心物語」（神奈川新聞社）、「少年たちの満州」（論創社）、「美空ひばりふたたび」「七十歳からの挑戦 電力の鬼松永安左エ門」「平清盛」「母の歌 ふるさとの歌」「八重の生涯」「パラオの恋 芸者久松の玉砕」「官兵衛の夢」「天心つれづれ」（以上、北辰堂出版）ほか多数。

松陰の妹

平成 27 年 1 月 10 日発行
著者 / 新井恵美子
発行者 / 今井恒雄
発行 / 北辰堂出版株式会社
〒 162-0801 東京都新宿区山吹町 364 SY ビル
TEL:03-3269-8131 FAX:03-3269-8140
http://www.hokushindo.com/
印刷製本 / 勇進印刷株式会社


ISBN 978-4-86427-182-0 定価はカバーに表記

好評発売中

# パラオの恋
## 芸者久松の玉砕

新井恵美子

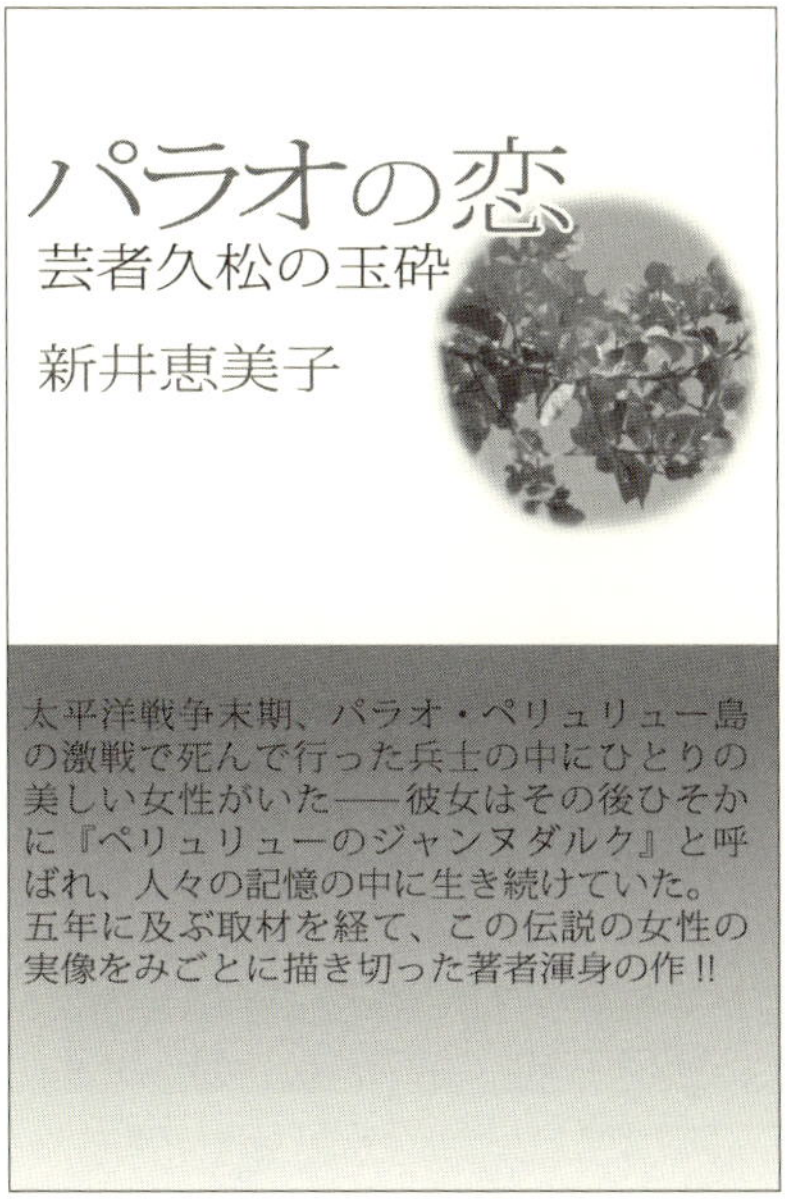
パラオの恋
芸者久松の玉砕
新井恵美子
太平洋戦争末期、パラオ・ペリュリュー島の激戦で死んで行った兵士の中にひとりの美しい女性がいた――彼女はその後ひそかに『ペリュリューのジャンヌダルク』と呼ばれ、人々の記憶の中に生き続けていた。
五年に及ぶ取材を経て、この伝説の女性の実像をみごとに描き切った著者渾身の作!!

マスコミ各紙で話題!!

ISBN:978-4-86427-082-3

太平洋戦争末期、日本軍の守る南の島が次々陥落していく中にパラオもあった。そのペリリュー島の戦いは組織的な持久戦として知られる。圧倒的な物量の米軍を前に勝ちめはない。それでも敢闘する兵にまじって一人の女性が銃を取った。それも芸者である。本書は後世「パラオのジャンヌダルク」と呼ばれた伝説を現地取材も踏まえてまとめあげた。

　多作の著者だが「これだけは書き残したい」と思ったそうだ。理不尽な戦争の明け暮れに一つくらい花のような物語があっていいと。

（26年7月6日神奈川新聞）

四六上製本　定価:1800円+税

北辰堂出版

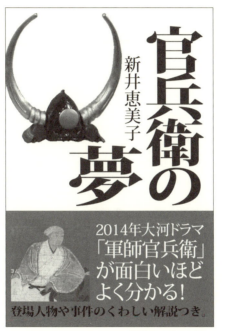

好評発売中

ISBN 978-4-86427-083-0

# 昭和歌謡 100名曲part.3

塩澤実信

なつかしいあの歌、この歌、大好評「100名曲シリーズ」第3弾！「並木の雨」から「酒よ」まで、第1弾、第2弾で収まり切れなかった名曲の数々のエピソードを満載！

四六版 並製　定価：1900円＋税

〈収録曲〉

並木の雨
野崎小唄
裏町人生
すみだ川
流転
上海だより
一杯のコーヒーから
上海の花売娘
燦めく星座
目ン無い千鳥
別れ船
高原の旅愁
十三夜
啼くな小鳩よ
港が見える丘
長崎のザボン売り
三百六十五夜
津軽のふるさと
カスバの女
若いお巡りさん
船方さんよ
泣かないで
星は何でも知っている
僕は泣いちっち
哀愁波止場
再会
さすらい
おひまなら来てね
北帰行
ソーラン渡り鳥
惜別の歌
遠くへ行きたい
恋のバカンス
長崎の女
涙を抱いた渡り鳥
赤坂の夜は更けて
唐獅子牡丹
さよならはダンスの後に
旅人よ
恍惚のブルース
バラが咲いた
星のフラメンコ
骨まで愛して
小樽のひとよ
新宿育ち
新宿ブルース
新潟ブルース
夜霧よ今夜も有難う
傷だらけの人生
ゆうべの秘密
熱海の夜
雨に濡れた慕情
真夜中のギター
希望
経験
圭子の夢は夜ひらく
ざんげの値打ちもない
誰もいない海
手紙
長崎の夜はむらさき
琵琶湖周航の歌
さそり座の女
そして神戸
あなた
ジョニィへの伝言
うそ
精霊流し
心のこり
時代
卒業写真
木綿のハンカチーフ
十九の春
すきま風
嫁に来ないか
愛の終着駅
愛のメモリー
秋桜（コスモス）
北へ
そんな夕子にほれました
旅の終りに
ブランデーグラス
与作
ふたりの大阪
望郷酒場
ルビーの指環
赤いスイートピー
居酒屋
聖母たちのララバイ
氷雨
まわり道
夢芝居
浪花恋しぐれ
浪花節だよ人生は
釜山港へ帰れ
長良川艶歌
津軽平野
時の流れに身をまかせ
北の旅人
人生いろいろ
酒よ

北辰堂出版